Wirtschaftsphilosophie zur Einführung

Ludger Heidbrink / Alexander Lorch / Verena Rauen

Wirtschaftsphilosophie zur Einführung

JUNIUS

Junius Verlag GmbH
Stresemannstraße 375
22761 Hamburg
www.junius-verlag.de

Umschlaggestaltung: Florian Zietz
Titelbild: © KillStock/shutterstock.com
Satz: Junius Verlag GmbH
Printed in the EU 2019
ISBN 978-3-96060-308-5

Bibliografische Information der Deutschen Nationalbibliothek
Die Deutsche Nationalbibliothek verzeichnet diese Publikation in der Deutschen Nationalbibliografie; detaillierte bibliografische Daten sind im Internet über http://dnb.dnb.de abrufbar.

Zur Einführung ...

... hat diese Taschenbuchreihe seit ihrer Gründung 1977 gedient. Zunächst als sozialistische Initiative gestartet, die philosophisches Wissen allgemein zugänglich machen und so den Marsch durch die Institutionen theoretisch ausrüsten sollte, wurden die Bände in den achtziger Jahren zu einem verlässlichen Leitfaden durch das Labyrinth der neuen Unübersichtlichkeit. Mit der Kombination von Wissensvermittlung und kritischer Analyse haben die Junius-Bände stilbildend gewirkt.

Seit den neunziger Jahren reformierten sich Teile der Geisteswissenschaften als Kulturwissenschaften und brachten neue Fächer und Schwerpunkte wie Medienwissenschaften, Wissenschaftsgeschichte oder Bildwissenschaften hervor. Auch im Verhältnis zu den Naturwissenschaften sahen sich die traditionellen Kernfächer der Geisteswissenschaften neuen Herausforderungen ausgesetzt. Diesen Veränderungen trug eine Neuausrichtung der Junius-Reihe Rechnung, die seit 2003 von der verstorbenen Cornelia Vismann und zwei der Unterzeichnenden (M.H. und D.T.) verantwortet wurde.

Ein Jahrzehnt später erweisen sich die Kulturwissenschaften eher als notwendige Erweiterung denn als Neubegründung der Geisteswissenschaften. In den Fokus sind neue, nicht zuletzt politik- und sozialwissenschaftliche Fragen gerückt, die sich produktiv mit den geistes- und kulturwissenschaftlichen Problemstellungen vermengt haben. So scheint eine erneute Inventur der Reihe sinnvoll, deren Aufgabe unverändert darin besteht, kompetent und anschaulich zu vermitteln, was kritisches Denken und Forschen jenseits naturwissenschaftlicher Zugänge heute zu leisten vermag.

Zur Einführung ist für Leute geschrieben, denen daran gelegen ist, sich über bekannte und manchmal weniger bekannte Autor(inn)en und Themen zu orientieren. Sie wollen klassische Fragen in neuem Licht und neue Forschungsfelder in gültiger Form dargestellt sehen.

Zur Einführung ist von Leuten geschrieben, die nicht nur einen souveränen Überblick geben, sondern ihren eigenen Standpunkt markieren. Vermittlung heißt nicht Verwässerung, Repräsentativität nicht Vollständigkeit. Die Autorinnen und Autoren der Reihe haben eine eigene Perspektive auf ihren Gegenstand, und ihre Handschrift ist in den einzelnen Bänden deutlich erkennbar.

Zur Einführung ist in der Hinsicht traditionell, dass es den Stärken des gedruckten Buchs – die Darstellung baut auf Übersichtlichkeit, Sorgfalt und reflexive Distanz, das Medium auf Handhabbarkeit und Haltbarkeit – auch in Zeiten liquider Netzpublikationen vertraut.

Zur Einführung bleibt seinem ursprünglichen Konzept treu, indem es die Zirkulation von Ideen, Erkenntnissen und Wissen befördert.

Michael Hagner
Ina Kerner
Dieter Thomä

Inhalt

Anhang

Vorwort

»Wirtschaftsphilosophie treiben ist sicher eine sehr schöne Sache. Aber ich möchte doch hinzufügen: eine sehr schwierige Sache. Das zeigen die kümmerlichen Ansätze, die wir dazu in der sogenannten ›ethischen‹ Nationalökonomie besitzen. Das beweisen aber auch die Phantastereien des philosophischen Marxismus.« Diese Worte stammen von dem Soziologen und Wirtschaftswissenschaftler Werner Sombart. Sie finden sich in seinem Buch *Die drei Nationalökonomien* von 1930. Sombart beschreibt dort, welcher widersprüchlichen Fähigkeiten es bedarf, um Wirtschaftsphilosophie zu betreiben: »Zu einem guten Wirtschaftsphilosophen gehören Eigenschaften, die sich nur selten in einem Sterblichen vereinigt finden. Er muß natürlich und vor allem ein guter Philosoph sein, das heißt gewiß nicht nur eine schulmäßig einwandfreie Ausbildung besitzen, sondern auch und vor allem eine Philosophie von Wert lehren, das heißt eine Philosophie, die uns nicht langweilt, deren Heilslehren uns aufhorchen machen und uns das Blut rascher durch die Adern treiben. Aber dieser Philosoph von Gottes Gnaden soll nun – es klingt fast wie ein Hohn – sehr gründliche Kenntnisse von der Wirtschaft haben. Ist das überhaupt möglich? In primitiver Zeit ja: Aristoteles, Thomas von Aquino und die anderen großen Scholastiker konnten das Wirtschaftsleben noch überblicken und haben uns deshalb auch das Beste zum Thema der Wirtschaftsphilosophie gesagt, das wir bis heute besitzen. Aber in unserer Zeit? Welchem

Philosophen ist es zuzumuten, daß er in die Geheimnisse des Terminhandels und der Konzernbildung und der Konjunkturgestaltung so eindringt, daß er darüber fachmännisch einwandfreie Urteile fällen kann? Es genügt auch nicht, damit man Wirtschaftsphilosophie treiben könne, um die Grundsätze der Wirtschaft allein zu wissen. Man muß ihr Getriebe kennen. Und diese Kenntnis sich nebenbei anzueignen, übersteigt fast das menschliche Können. Deshalb sind auch die Äußerungen, die unsere großen Philosophen über die Wirtschaft getan haben, fast durchgängig von einer fast kindlichen Einfalt: von Kant, Fichte, Hegel angefangen bis zu Nietzsche.« (Sombart 1967: 295 f.)

Philosophie und Wirtschaftswissenschaft stehen, nicht erst seit Sombart, in einem bemerkenswerten Spannungsverhältnis zueinander. Wo die Philosophie dazu neigt, sich mit spekulativem Eifer oder kritischer Fortüne in die Belange der Wirtschaftswissenschaft einzumischen, tendiert diese dazu, der Philosophie fachliche Ignoranz und methodischen Dilettantismus vorzuwerfen. Diese Einführung möchte diesem Zustand abhelfen und einen produktiven Dialog in Gang setzen. Wie bei jeder Bindestrichdisziplin kommt es darauf an, die Eigenarten der jeweiligen Fächer zu tolerieren und aus der Kombination etwas Neues zu machen. Wie Sombart schreibt, besitzt die Wirtschaftsphilosophie eine lange Geschichte, die bis in die Antike zurückgeht und ihren Zenit im 18. und 19. Jahrhundert bei Adam Smith und John Stuart Mill erreicht. Am Beginn des 20. Jahrhunderts erlebt die Wirtschaftsphilosophie eine Renaissance. Sie wird nun als integrative Grundlagenwissenschaft verstanden, die Fragen der Wirtschaftstheorie, der Wirtschaftskultur und Wirtschaftsethik umfasst. Am Ende des 20. Jahrhunderts lässt sich ein erneutes Comeback der Wirtschaftsphilosophie beobachten, das von internationalen und analytisch geprägten Ansätzen wie »Philosophy and Economics« über die neuere politische Ökonomie und Debatten um die Grenzen des Wachstums bis zu Bewegungen der »heterodoxen« und »pluralen« Ökonomik reicht.

Das Interesse an der Wirtschaftsphilosophie ist angesichts gesellschaftlicher Transformationsprozesse, Verschiebungen im sozialen und politischen Gefüge sowie wiederkehrender ökonomischer Krisen groß. Hinzu kommt, dass wirtschaftswissenschaftliche Theorien in den letzten Jahrzehnten zahlreichen Einwänden ausgesetzt waren, die eine Revision methodischer Grundannahmen wie des Paradigmas der Nutzenrationalität, stabiler Präferenzen und perfekter Märkte forderten. Empirische und theoretische Forschungen, etwa in der Verhaltensökonomik, haben deutlich gemacht, dass bislang verwendete Prämissen und Modelle modifiziert und korrigiert werden müssen. So wie sich die globale Wirtschaft in einer Umbruchphase befindet, da sich der Einfluss von Nationalstaaten verändert hat und ökonomische Verhältnisse in und zwischen den Ländern sich verschoben haben, durchlaufen die Wirtschaftswissenschaften, wie viele andere Wissenschaften, einen Wandel, der aus der Veränderung ihrer methodischen und normativen Fundamente resultiert.

Vor diesem Hintergrund ist das Interesse an der Wirtschaftsphilosophie gewachsen, nicht nur in der Forschung, sondern auch in der Lehre und in der Öffentlichkeit. Debatten in Blogs und den Feuilletons über alternative Wohlstandsindikatoren oder ein bedingungsloses Grundeinkommen zeigen dieses Interesse genauso an wie neue Studiengänge, in denen es um »Philosophy, Politics and Economics« oder die »Praktische Philosophie der Wirtschaft und Umwelt« geht.

Auch wenn die Wirtschaftsphilosophie auf eine lange Tradition zurückblicken kann und das Interesse an ihr wächst, handelt es sich bei ihr um eine Disziplin *in statu nascendi.* Diese Einführung soll zeigen, worin die wissenschaftlichen Leistungen und praktischen Anwendungsfelder der Wirtschaftsphilosophie, vor allem im Vergleich mit anderen Ansätzen der Philosophie und Ökonomik bestehen. Der Band gibt einen Überblick über die Geschichte und Grundlagen der Wirtschaftsphilosophie von der Antike über die Neuzeit und Klassik bis zur Neoklassik und Gegenwart. Neben der Behandlung wichtiger Grundbegriffe wie Kapital, Arbeit, Markt, Zeit, Wohlstand und Wachstum werden die Rahmenbedingungen der Ökonomik dargestellt, zu denen Menschenbild und Rationalität, Wirtschaftsformen wie Kapitalismus und Sozialismus sowie das Verhältnis von Staat, Markt, Unternehmen und Gesellschaft gehören. Ein besonderer Fokus liegt auf den Interdependenzen von Ethik und Ökonomie sowie der Abgrenzung der Wirtschaftsphilosophie von der Wirtschaftsethik. Der Band schließt mit einem Einblick in aktuelle Diskussionen über Alternativen zur Mainstream-Ökonomik.

Für die redaktionelle Unterstützung bei der Fertigstellung des Manuskripts danken wir sehr herzlich Fenja Wiechel-Kramüller und Lena Schaefer.

Kiel und St. Gallen, Februar 2019

1. Was ist Wirtschaftsphilosophie?

Im Unterschied zu anderen Disziplinen wie Rechtsphilosophie, Moralphilosophie oder Sozialphilosophie hat sich die Wirtschaftsphilosophie bislang noch nicht in gleicher Weise an den Universitäten in Forschung und Lehre oder in der öffentlichen Wahrnehmung etabliert. Umso wichtiger ist es, zunächst der Frage nachzugehen, woher der Begriff der Wirtschaftsphilosophie kommt und was unter ihm zu verstehen ist. Hierzu ist ein kurzer Blick in die Geschichte erforderlich. Denn die Verbindung von Philosophie und Wirtschaft hat eine lange Tradition und reicht bis in die hellenistische Antike zurück. Zugleich hat die Wirtschaftsphilosophie in jüngerer Zeit eine erstaunliche Renaissance erlebt. Hierfür gibt es unterschiedliche Ursachen, die in dieser Einführung genauer behandelt werden. Sie reichen von Krisen des Kapitalismus über neue Paradigmen in den Wirtschaftswissenschaften bis zu Debatten um alternative ökonomische Modelle und Institutionen.

Es gibt noch weitere Gründe dafür, Philosophie und Wirtschaft unter dem Dachbegriff der Wirtschaftsphilosophie zu verbinden. Sowohl die Philosophie als auch die Ökonomik – als Wissenschaft der Wirtschaft – befassen sich mit ganz ähnlichen Themen. Sie beschäftigen sich beide mit Fragen der Endlichkeit und Knappheit, der Bedeutung des Nutzens und der Rationalität, der Richtigkeit von Entscheidungen, mit dem Gemeinwohl und der Wohlfahrt, dem Fortschritt und Wachstum, der Rolle der

Zeit und der Zukunft. Philosophie und Ökonomik teilen sich aber nicht nur die gleichen Themen, sie beruhen auch auf ähnlichen Methoden: Beide Disziplinen verwenden Theorien und Modelle, um reale Phänomene zu interpretieren, sie arbeiten mit Idealtypen und Heuristiken, um komplexe Sachverhalte zu erfassen, formalisieren mithilfe der Logik und Mathematik faktische Prozesse oder analysieren die normativen Grundlagen von Handlungen. Viele Ökonomen – wie Adam Smith, John Maynard Keynes oder Frank Knight – waren philosophisch gebildete Wissenschaftler, so wie zahlreiche Philosophen – etwa David Hume, Karl Marx oder John Stuart Mill – ökonomisch relevante Forschung betrieben haben.

Vor dem Hintergrund dieser thematischen und methodischen Verwandtschaft zwischen Philosophie und Ökonomik erscheint die anfängliche Auseinandersetzung mit dem, was Wirtschaftsphilosophie ist, umso sinnvoller zu sein – nicht zuletzt, um die Wirtschaftsphilosophie im weiteren Verlauf dieses Bandes von verwandten Ansätzen wie Wirtschaftsgeschichte, Wirtschaftsontologie, Wirtschaftssoziologie, Wirtschaftskultur und Wirtschaftsethik besser abgrenzen zu können.

1.1 Etappen und Ansätze der Wirtschaftsphilosophie

Auch wenn die Verbindung von Philosophie und Wirtschaft eine lange Geschichte hat, taucht der Begriff der Wirtschaftsphilosophie erst relativ spät auf. Während Politik, Ethik und Ökonomik unter dem Dach der praktischen Philosophie bis zur Blütezeit der Nationalökonomie miteinander verbunden waren, trennen sich die Wege ab dem Ende des 18. Jahrhunderts. Etwa zeitgleich mit der Herausbildung des Utilitarismus und der politischen Ökonomie entwickelt sich die wirtschaftliche Nutzenrationalität ab dem 19. Jahrhundert zu einem als eigenständig verstandenen Handlungsprinzip. Die Herauslösung der ökonomischen Nutzenrationalität aus moralischen und sozialen Zusammenhängen bildet den historischen Hintergrund, vor dem im Laufe des 19. Jahrhunderts der Begriff der Wirtschaftsphilosophie in englischen und französischen Publikationen entsteht (vgl. Hoffmann 2009: 12). Eine der frühesten Erwähnungen im deutschsprachigen Raum findet sich Anfang des 20. Jahrhunderts im *System der Rechts- und Wirtschaftsphilosophie* (1904–07) von Fritz Berolzheimer, der sich hauptsächlich mit den rechtlichen und kulturellen Fundamenten wirtschaftlichen Lebens und ökonomischer Institutionen befasst: »Recht und Wirtschaft verhalten sich wie Form und Inhalt, wie Schale und Kern« zueinander, sodass »die Wirtschaftsphilosophie nichts anderes als die inhaltliche Seite der Rechtsphilosophie« und die »menschliche Wirtschaft, durchleuchtet vom philosophischen Standpunkte« (Berolzheimer 1963: 11) ist. Während Berolzheimer den Begriff der Wirtschaftsphilosophie nicht weiter differenziert, unterteilt Werner Sombart die Wirtschaftsphilosophie in *Die drei Nationalökonomien* (1930) in die drei Felder der Wirtschaftsontologie, der Wirtschaftskultur und der Wirtschaftsethik (vgl. Sombart 1967: 294 f.). Diese Unterteilung findet sich in ähnlicher Form bei Oswald Nell-Breuning wieder, der zwischen der ökonomischen Grundlagenforschung, der Wirtschaftsontologie und Wirtschaftsethik sowie der Wirtschaftspsychologie unterscheidet (vgl. Nell-Breuning 1949: 269–272).

Neben der Aufteilung in Unterdisziplinen lassen sich im weiteren Verlauf der Diskussion um die Disziplin auch systematische Unterscheidungen finden. So grenzt Otto Weinberger eine *spezielle Wirtschaftsphilosophie*, die sich mit den logischen und ontologischen Fundamenten der Ökonomie befasst, von einer *allgemeinen Wirtschaftsphilosophie* ab, die sich mit den ethischen und praktischen Aspekten des Wirtschaftens auseinandersetzt (vgl. Weinberger 1958: 23). Unter Wirtschaftsphilosophie versteht Weinberger vor allem die »weltanschauliche Wertung von Wirtschaftsvorgängen und Wirtschaftshandlungen« (ebd.: 18). Diese normative Sichtweise wird von Otto Kraus aufgegriffen, der die funktionale Sachlogik der Marktwirtschaft und ein primär effizienzorientiertes Verständnis der Ökonomie aus der Perspektive eines »philosophischen Sinnbegriffs« (vgl. Kraus 1962: 22 ff.) kritisiert.

Die Disziplin der Wirtschaftsphilosophie, die im Wesentlichen auf den deutschsprachigen Raum beschränkt bleibt, lässt sich damit grundsätzlich in einen theoretischen und einen praktischen Bereich aufteilen. Die *theoretische Wirtschaftsphilosophie* kann als »elementare philosophische Erörterungslehre der Wirtschaft« (Wutskits 1980: 5) verstanden werden, die sich mit den ontologischen und epistemologischen Grundlagen der Ökonomie befasst. Sie bildet eine systematische und disziplinäre Methodenlehre, die sich in der Tradition der Kantischen Philosophie mit den transzendentalen Bedingungen des Wirtschaftssystems und seinen erkenntnistheoretischen Voraussetzungen auseinandersetzt. Die *praktische Wirtschaftsphilosophie* beschäftigt sich dagegen mit den moralischen Werten, sozialen Normen und politischen Rahmenregeln, auf denen reale Wirtschaftsformen wie der Kapitalismus oder Marktliberalismus beruhen. Die praktische Wirtschaftsphilosophie geht damit über die bloße Wirtschaftsethik hinaus, da sie »als positive Theorie der Wirtschaftskultur zugleich Hermeneutik der wirtschaftlich-kulturellen Entwicklungen« (Koslowski 1992: 14) ist.

Damit zeichnet sich der weitere Weg der Wirtschaftsphilosophie zu einer *integrativen Metadisziplin* ab, die sich mit den übergreifenden Zusammenhängen zwischen ökonomischen Prozessen, politisch-rechtlichen Rahmenbedingungen und sozio-kulturellen

Verhältnissen befasst und auf Ansätze der Wirtschaftsgeschichte, Wirtschaftsontologie, Wirtschaftskultur und Wirtschaftsethik zurückgreift. Im Kern verfolgt die Wirtschaftsphilosophie das Ziel, theoretische Analysen mit praktischer Kritik sowie ontologische Beschreibungen mit der normativen Bewertung ökonomischer Phänomene und Prozesse zu verbinden. In diesen Zusammenhang gehört etwa der Ökonom und Soziologe Adolph Lowe, der sich schon in den 1960er Jahren aus einer philosophischen Perspektive mit den Folgen des Wirtschaftswachstums beschäftigt hat (Krohn 1996). Dieser Weg wird in den 1980er Jahren fortgesetzt, indem sich die Philosophie mit den nicht-ökonomischen Grundlagen der Ökonomie befasst und die politischen Grenzen des kapitalistischen Wirtschaftssystems in den Blick nimmt. Es werden Forderungen nach einer »economic philosophy« (Mittelstraß 1985: 19) und einem *»economic turn* der Philosophie« (Kambartel 1998: 39) erhoben. Das Ziel besteht darin, die gesellschaftlichen Auswirkungen der Marktwirtschaft und die Ökonomisierung der Lebenswelt zu analysieren. Dabei geht die philosophische Ökonomie von Jürgen Mittelstraß und Friedrich Kambartel insoweit über herkömmliche Ansätze der Wirtschaftstheorie, Wirtschaftssoziologie und Wirtschaftsethik hinaus, als ein eigenständiger philosophischer Standpunkt eingenommen wird, der die inhärente Dynamik und Rationalität der kapitalistischen Wirtschaftsordnung mit vernunftgeleiteten Mitteln untersucht. Wirtschaftsphilosophie wird damit zur *reflexiven Aufklärung* über die Logik und Grenzen wirtschaftlicher Systeme und Prozesse.

Diese integrative und reflexive Sichtweise auf die Theorie und Praxis der Wirtschaft wird in den 1990er und 2000er Jahren fortgesetzt. Insbesondere in der hermeneutischen und phänomenologischen Sozialphilosophie, die in Deutschland, aber auch in Frankreich eine lange Tradition besitzt, finden sich wirtschaftsphilosophische Ansätze, in denen die Wirtschaft nicht allein aus einem ethischen und normativen Blickwinkel, sondern von einer umfassenderen Position aus behandelt wird, die vor allem die kulturellen und sozialen Voraussetzungen der Wirtschaft einbezieht. Es geht dabei um eine sozial- und kulturphilosophisch *erweiterte Wirtschaftsphilosophie*, deren Ziel darin besteht, »sich der Grundbegrifflichkeiten kritisch anzunehmen, mit deren Hilfe wir uns auf die ökonomische Sphäre beziehen« (Röttgers 2004: 118). Der Ansatz von Kurt Röttgers verfolgt mit Blick auf die Wirtschaft »eine Neubestimmung des Verhältnisses von Theorie und Praxis«, wobei offengelassen wird, »ob das Handeln normativ oder deskriptiv zu reflektieren sei« (ebd.: 121). Die erweiterte Wirtschaftsphilosophie zielt auf die »wissenschaftslogische Reflexion und Kritik« selbstverständlicher Annahmen der neoklassischen Ökonomik, baut auf »diskurstheoretischen« und »begriffsgeschichtlichen Forschungen« zur Methodik und Geschichte der Ökonomik auf und setzt sich aus einer »wertgenealogischen« Perspektive mit »normativen Fragen« (ebd.: 125 f.) der Wirtschaft auseinander. In ähnlicher Weise vertritt Thomas S. Hoffmann einen kultur- und lebensphilosophischen Ansatz, der »Wirtschaft als Lebenswelt und Kultursystem ansprechen und bei deren innerer Motivation anschließen« (Hoffmann 2009: 19) soll, um ethische Fragen erst nachrangig aus der Binnendynamik wirtschaftlicher Prozesse zu beantworten.

Damit lässt sich folgendes Zwischenfazit ziehen: Der Begriff der Wirtschaftsphilosophie, so wie er sich in den letzten hundert Jahren speziell in Deutschland entwickelt hat, stellt einen integrativen Ansatz dar, der von einer metareflexiven Position aus Probleme der Wirtschaftsgeschichte, Wirtschaftstheorie, Wirtschaftskultur, Wirtschaftssoziologie und Wirtschaftsethik behandelt. Zu diesem Zweck befasst sich die Wirtschaftsphilosophie im Unterschied zu neoklassischen und orthodoxen Theorien der Wirtschaft mit den latenten und immanenten Voraussetzungen der ökonomischen Theorie- und Modellbildung, mit der Einbettung wirtschaftlicher Prozesse in soziale und kulturelle Kontexte und erweitert die moralische Engführung der Wirtschaftsethik durch phänomenologische und hermeneutische Analysen wirtschaftlicher Handlungen und Prozesse (vgl. Heidbrink/Rauen 2016).

1.2 Wirtschaftsphilosophie im aktuellen Kontext

Der besondere Stellenwert der Wirtschaftsphilosophie liegt in ihrer integrativen und metareflexiven Ausrichtung. Hieraus resultiert aber auch die Schwierigkeit einer klaren Positionsbestimmung und Abgrenzung der Wirtschaftsphilosophie von verwandten Ansätzen. Um herauszufinden, inwieweit der Wirtschaftsphilosophie ein neuer Platz in der gegenwärtigen Wissenschaftslandschaft und im öffentlichen Diskurs zukommt, ist es hilfreich, sie in den Kontext aktueller Entwicklungen und Debatten zu stellen, in denen ebenfalls Korrekturen an einseitigen Annahmen der Mainstream-Ökonomik vorgenommen werden und eine kritische Auseinandersetzung mit den Problemen der realen Ökonomie stattfindet.

Die Auseinandersetzung mit den methodischen Grenzen der neoklassischen Ökonomik und die Suche nach alternativen Modellen und Theorien beschäftigen schon seit Längerem nicht nur die Vertreter einer »heterodoxen Ökonomik« (vgl. Heise et al. 2017), sondern inzwischen auch die akademischen und universitären Wirtschaftswissenschaften selbst. Von unterschiedlichen – verhaltenspsychologischen, spieltheoretischen, institutionenökonomischen und evolutionistischen – Seiten werden ökonomische Grundannahmen auf den Prüfstand gestellt. Dazu gehören, um hier die wichtigsten Punkte zu nennen, die Kritik am

Idealtypus des Homo oeconomicus, die Ausklammerung sozialer und kultureller Determinanten, die fehlende Berücksichtigung von Fairness und Altruismus, die Reduktion auf formale Präferenz- und Nutzenkonzepte, der Ausgang von physikalischen Gleichgewichtsmodellen, die Mathematisierung von Wahrscheinlichkeitsprozessen, die Externalisierung von Kosten oder die Kommodifizierung nicht handelbarer Güter wie Solidarität und Vertrauen.

Die Wirtschaftsphilosophie kann hierzu, wie im weiteren Verlauf dieses Bandes ausgeführt wird, wichtige Beiträge leisten, indem sie sich mit dem neoklassischen Paradigma vollständiger Rationalität auseinandersetzt, die Prämisse stabiler Präferenzen und die Theorie des Erwartungsnutzens hinterfragt oder ethische und soziale Vorannahmen in ökonomischen Entscheidungen und die Grenzen des Marktprinzips freilegt. Der wirtschaftsphilosophische Ansatz – und seine besondere Leistung – besteht darin, implizite normative Prämissen in wertneutral verstandenen ökonomischen Begriffen zu thematisieren, die Unterschiede zwischen ökonomischer Rationalität und ethischer Vernunft zu benennen oder auf die Verwechslung theoretischer Modelle mit empirischen Leitbildern aufmerksam zu machen (vgl. Hausman/MacPherson 2006).

Eine weitere Aufgabe der Wirtschaftsphilosophie ist es, die Kritik an neoklassischen Annahmen, wie sie in neueren Modellen und Theorien entwickelt wird, ihrerseits kritisch zu untersuchen. In den letzten Jahrzehnten haben etwa die Theorie der Anspruchsanpassung, die vor dem Hintergrund begrenzter menschlicher Rationalität entwickelt wurde (Selten 1990), aber auch verhaltenspsychologische Forschungen zu situativen Einflüssen auf unsere Entscheidungen (Kahneman/Tversky 2000) wichtige Korrekturen am Ideal der vollständigen Informiertheit sowie der Annahme eines Gleichgewichts von Märkten vorgenommen. An ihre Stelle sind Ansätze getreten, die von kognitiv fehlgeleiteten Entscheidungen, dem Einfluss von Emotionen auf die Ökonomie und der Instabilität des Wirtschaftssystems ausgehen (Akerlof/Shiller 2009). Auch im libertären Paternalismus, der auf der Annahme beruht, dass Akteuren durch moderate Gestaltungsmittel – sogenannte »Nudges« – bei der Umsetzung ihrer eigenen Ziele geholfen werden kann (Thaler/Sunstein 2009), finden sich Erweiterungen rationaler Entscheidungsmodelle und neoklassischer Wohlfahrtskonzepte wieder.

Allerdings – und hier setzt die wirtschaftsphilosophische Kritik an – führen diese Korrekturen und Erweiterungen häufig zu einer Fortsetzung der Paradigmen und Annahmen, die ergänzt oder verbessert werden sollen. So hält der libertäre Paternalismus implizit an einem Ideal der Nutzenrationalität fest, das nur mit anderen Methoden, nämlich mit den Mitteln der Verhaltensökonomie, der sogenannten Behavioural Economics, weiter verfolgt wird (Rebonato 2012). In ähnlicher Weise geht die experimentelle Ökonomik vor, die auf empirischem Weg ethische Einstellungen und soziale Präferenzen untersucht, die bei genauerer Betrachtung nicht Ausdruck genuin moralischer Überzeugungen sind, sondern der Logik des erweiterten Eigeninteresses folgen, indem Akteure sich beispielsweise fair verhalten, weil sie selbst von anderen fair behandelt werden wollen.

Vergleichbare Probleme lassen sich auch dort beobachten, wo ökonomische Modelle und Paradigmen aus einer ethischen Perspektive korrigiert werden sollen. So stellt die Kritik an der wachsenden Kommodifizierung von Gütern, die nicht auf Märkten gehandelt werden sollten, zwar einen wichtigen moralphilosophischen Ansatz dar, der die Aufmerksamkeit auf mögliche Grenzen der Ökonomisierung lebensweltlicher Bereiche lenkt (Sandel 2012). Die Diagnose der Kommodifizierung bleibt allerdings so lange pauschal und undifferenziert, wie nicht mit guten

Gründen gezeigt wird, inwiefern einzelne Güter nicht doch unter bestimmten institutionellen Bedingungen – zum Beispiel durch geregelten Organhandel – am Markt gehandelt werden können, ohne dass ethische Normen verletzt werden (Brennan/Jaworski 2016). Dieses Problem betrifft auch Studien, mit denen sich angeblich die korrumpierende und moralverletzende Wirkung monetärer Anreize nachweisen lässt. So wurde in einem Experiment zwar demonstriert, dass Probanden einen umso geringeren Preis für die Rettung von Mäusen zu zahlen bereit waren, je marktähnlicher die Verhandlungssituation gestaltet war (Falk/Szech 2013). Bei genauerer Betrachtung zeigt sich jedoch, dass das Problem weniger in ökonomischen Anreizen liegt, sondern in deren spezifischer Wirkung auf Akteure, die von der sozialen Umgebung abhängt und sich durch politische und pädagogische Maßnahmen beeinflussen lässt, sodass sich Menschen trotz wirtschaftlicher Anreize moralisch verhalten (Bowles 2016).

Die besondere Herausforderung für die Wirtschaftsphilosophie besteht somit darin, eine *Vermittlungsposition* zwischen ökonomischen und philosophischen Ansätzen einzunehmen und eine tragfähige Brücke zwischen den Disziplinen zu bauen, indem deren spezifische Perspektiven in ihrer Eigenlogik hinreichend berücksichtigt werden. Dazu gibt es gegenwärtig reichhaltige Anknüpfungspunkte. Hierzu gehören die soziologischen und kulturellen Analysen der Wirtschaft, die in der Rückführung von ökonomischem Handeln auf Institutionen und Praktiken bestehen, wie dies in der neueren Institutionenökonomik stattfindet, die davon ausgeht, dass soziale Verhaltensweisen unsere Entscheidungen leiten (Ostrom 1999). Ebenso gibt es Beziehungen zur Wirtschaftsphilosophie dort, wo ökonomische Entscheidungen (zum Beispiel Investitionen) in ihrer Abhängigkeit von geschichtlichen Zeithorizonten und gesellschaftlichen Risikovorstellungen erklärt werden, wie dies beispielsweise in der jüngeren Wirtschaftssoziologie geschieht (Beckert 2018). Aus wirtschaftsphilosophischer Perspektive relevant sind auch aktuelle wirtschafts- und unternehmensethische Ansätze, die über den engen Rahmen der Business Ethics hinausgehen und einen erweiterten gesellschaftlichen und politischen Raum mit einbeziehen, der für die Legitimität wirtschaftlichen Handelns relevant ist (Ulrich 2016). Untersuchungen zum sozialen Status des Unternehmertums, zur Moralisierung von Märkten (Stehr 2007) oder zur politischen Rolle von Konzernen beziehen sich auf Themenfelder, die grundsätzliche Fragen der Wirtschaftsphilosophie betreffen.

Die Wirtschaftsphilosophie profitiert vor allem davon, dass in den letzten Jahren zahlreiche neue ökonomische Konzepte und Paradigmen entstanden sind, die klassische Schul- und Methodengrenzen überschreiten. Hierzu zählen unter anderem das ökonomische Denken, das sich mit der Ideen- und Dogmengeschichte der Wirtschaft befasst; die evolutionäre Ökonomik, die sich mit den anthropologischen und sozialen Determinanten ökonomischer Rationalität beschäftigt (Hodgson 2013); die Identity Economics, die den Einfluss personaler Identität auf Nutzenentscheidungen untersuchen (Akerlof/Kranton 2011); die Happiness Economics, die alternative Wohlfahrtsfaktoren wie Glück oder Wohlergehen erforschen (Frey/Stutzer 2002); die ökologische Ökonomik, die sich mit den Grenzen des Wachstums auseinandersetzt; die narrativistische Ökonomik, die sich mit der Rolle von Fiktionen und Imaginationen in der ökonomischen Theorie befasst (Beckert 2018); die kulturalistische Ökonomik, die die kulturelle Einbettung der Wirtschaft und ihrer Organisationen behandelt (Beschorner 2015); die Governanceethik, die ein normatives Programm der Unternehmenssteuerung verfolgt (Wieland/Ehrenberger 2015); die Ordonomik, die spieltheoretische Ansätze mit ordnungsethischen Konzepten verbindet (Pies 2015), sowie neuere Publikationen zur kritisch-rationalistischen Ökonomik (Gadenne/Neck 2011), zur Philosophy of Economics (Reiss 2013) und zur ökonomischen Philosophie (Seele 2015).

1.3 Zur Zukunft der Wirtschaftsphilosophie

Angesichts dieser Vielfalt neuer ökonomischer Theorien und Ansätze, die allesamt genuin philosophische Bezüge aufweisen, dürfte es der Wirtschaftsphilosophie nicht schwerfallen, in Zukunft einen eigenständigen Platz in der wissenschaftlichen und öffentlichen Landschaft einzunehmen. Dabei sind es vor allem vier Eigenschaften und Leistungen, durch die sich der wirtschaftsphilosophische Ansatz insgesamt charakterisieren lässt:

- Aus wirtschaftsphilosophischer Perspektive werden theoretische und epistemologische Grundlagenfragen durch metareflexive Kriterien erweitert, um reduktionistische Konzepte sowohl in der Ökonomik wie in der Philosophie zu vermeiden und sie durch einen Theorie- und Modellpluralismus zu ergänzen.
- Die Wirtschaftsphilosophie untersucht die nicht-ökonomischen – kulturellen, ethischen, sozialen und politischen – Voraussetzungen, die der realen Ökonomie zugrunde liegen. Damit sind nicht nur moralische Werte gemeint, sondern auch rechtliche Rahmenbedingungen und institutionelle Ressourcen, auf denen funktionsfähige Wirtschaftssysteme beruhen.
- Die Wirtschaftsphilosophie verbindet konzeptuelle Ansätze mit materialer und empirischer Forschung, um valide Einsichten in aktuelle Phänomene wie die Kommodifizierung von marktfernen Gütern oder die Korruption moralischer Normen durch Marktprozesse zu erhalten.

– Aus wirtschaftsphilosophischer Sicht werden normative Theorien an die reale Verfassung moderner Gesellschaften zurückgebunden, sodass der gesellschaftlichen Komplexität und Kontingenz hinreichend Rechnung getragen wird. Alternative Wachstumsmodelle oder nachhaltige Transformationsprozesse hängen von faktischen Voraussetzungen ab, die einer erweiterten wirtschaftsphilosophischen Analyse bedürfen.

Vor diesem Hintergrund ist es sicherlich nicht übertrieben, ein »Comeback« der Wirtschaftsphilosophie zu diagnostizieren (vgl. Seele 2018), das nicht nur an einer wachsenden Zahl von Publikationen abzulesen ist, sondern auch an zahlreichen Aktivitäten und Initiativen, in denen sich neben Vertretern nicht-orthodoxer ökonomischer Ansätze vor allem jüngere Forscherinnen und Forscher engagieren. Hierzu gehören das Institute for New Economic Thinking (INET), das Heterodox Economics Directory, das Netzwerk für plurale Ökonomik oder die AG Wirtschaftsphilosophie und Ethik der Deutschen Gesellschaft für Philosophie. Hinzu kommen neue Studiengänge, die Fächer wie Philosophie, Politik, Wirtschaft und Recht miteinander kombinieren und damit die Tradition der Philosophy, Politics and Economics (PPE) fortsetzen, die in den 1920er Jahren an der Universität Oxford begründet wurde.

Auch wenn sich im internationalen Raum akademische Forschung und Lehre inzwischen unter Titeln wie Philosophy and Economics oder Philosophy of Management etabliert haben, besitzt der Begriff der Wirtschaftsphilosophie die Chance, sich in den deutschsprachigen Ländern als neue Disziplin durchzusetzen, da diese auf eine weitaus längere Geschichte zurückblicken kann, die sich bis in die Antike verfolgen lässt und durch eine besondere metareflexive und integrative Ausrichtung gekennzeichnet ist. Es ist nicht zuletzt dieser Hintergrund, der die

Wirtschaftsphilosophinnen und Wirtschaftsphilosophen dafür prädestiniert, in öffentlichen Diskussionen über Themen wie Unternehmensverantwortung, Managergehälter, Steuergerechtigkeit oder bedingungsloses Grundeinkommen Stellung zu beziehen und produktive Vorschläge für Veränderungen zu machen.

2. Entwicklung der Wirtschaftsphilosophie

In diesem Kapitel wird die geschichtliche und systematische Entwicklung der Wirtschaftsphilosophie von der Antike bis in die Gegenwart dargestellt. Um die Wirtschaftsphilosophie stärker von verwandten Disziplinen wie der Wirtschaftstheorie, der Wirtschaftssoziologie, der Wirtschaftskultur und der Wirtschaftsethik abzugrenzen und sie methodisch und thematisch zu profilieren, stehen im Folgenden zwei Fragen im Vordergrund: Wie werden ökonomische Theorien und reale Wirtschaftsformen durch philosophische Ansätze und Lehren beeinflusst? Und welchen Beitrag leistet die philosophische Analyse zu einem erweiterten Verständnis der ökonomischen Theorien und der realen Ökonomie?

Dieses Vorgehen erlaubt es, einerseits den Einfluss der Philosophie auf die Wirtschaftslehre und Wirtschaftspraxis präziser zu erfassen und andererseits implizite Annahmen und Voraussetzungen in den Blick zu bekommen, die ökonomischen Theorien, Modellen und Begriffen zugrunde liegen. Auf diese Weise lassen sich die Grundbegriffe und Rahmenbedingungen, so wie sie im dritten Kapitel behandelt werden, besser nachvollziehen und einordnen. Gleichzeitig wird damit der Hintergrund erhellt, vor dem im vierten und fünften Kapitel das Verhältnis von Wirtschaftsphilosophie und Wirtschaftsethik sowie aktuelle Diskussionen und Positionen der Wirtschaftsphilosophie dargestellt werden.

2.1 Antike

Die Entwicklung der Wirtschaftsphilosophie lässt sich, wie schon eingangs betont, bis in die Antike zurückverfolgen. Genauer gesagt: Die hellenistische Antike gilt als Geburtsort der Wirtschaftsphilosophie, da in den philosophischen Texten Ethik, Politik und Ökonomik noch nicht getrennt waren, sondern als integrale Einheit behandelt wurden. Dabei wird Aristoteles neben dem Sokratiker Xenophon mit seiner Schrift *Oikonomikos* als eigentlicher Gründer der Wirtschaftsphilosophie betrachtet, während sich, so die gängige Ansicht, bei Platon eine »Geringschätzung der wirtschaftlichen Abläufe« (Heidenreich 2012: 25) beobachten lasse. Das ist nicht ganz richtig und muss genauso differenzierter betrachtet werden wie die lang vorherrschende Meinung, die hellenistische Antike sei durch Subsistenzwirtschaft, fehlenden Außenhandel, Marktferne und den Vorrang der Politik vor der Ökonomie geprägt gewesen (vgl. Weber 1980: 800). Auch wenn es im 4. Jahrhundert v. Chr. noch keine klassische Marktwirtschaft gegeben hat, existierten Märkte, wurde mit Geld Handel betrieben und erhob der Staat Steuern. Entsprechend waren den Autoren dieser Zeit Marktgesetze, Preise, Wettbewerb und Eigennutz bekannt. Hierin liegt der Grund, dass sich Platon sehr wohl mit ökonomischen Phänomenen auseinandergesetzt hat, ohne sie durchweg gering zu schätzen (vgl. Föllinger 2016: 33 ff.). So sind Arbeitsteilung, Warenproduktion und Handel für Platon erforderlich, da sie den Menschen aufgrund seiner Mängelhaftigkeit und Bedürftigkeit mit notwendigen Gütern und Dienstleistungen versorgen. Weil »keiner von uns sich selbst genug ist, sondern vieler Helfer bedarf« (Platon 1989a: 369 b), ist eine Organisation wirtschaftlicher Prozesse durch den Staat nötig. Die Aufgabe des Staates besteht in der »gegenseitigen Bedarfsbefriedigung der Bürger« (ebd.: 372 a).

Durch Arbeitsteilung, Handel und Märkte werden jedoch nicht nur Bedarfe befriedigt, sondern auch neue Bedürfnisse geweckt. Da der Mensch nach Platon durch das Streben nach größtmöglicher Nutzenbefriedigung (»pleonexia«) gekennzeichnet ist, kennt er keine natürliche Grenze der Befriedigung. Aus dem Versorgungsstaat wird »ein üppiger Staat« (ebd.: 372 e), der durch die Ausbreitung von Luxus, materiellem Wachstum und militärischer Aufrüstung gekennzeichnet ist.

Platon unternimmt in der *Politeia* nicht nur eine ökonomische Staatsbegründung, sondern führt den Homo oeconomicus als rationalen Nutzenmaximierer in die Philosophie ein, bevor er so genannt wird. Exemplarisch hierfür ist der Sophist Thrasymachos, der Gerechtigkeit als »Vorteil des Stärkeren« (Platon 1989a: 338 c) und »eigenen Nutzen« (ebd.: 343 c) definiert. Weil Pleonexie und Vorteilssuche – modern gesprochen *rent seeking* – zur Natur der Menschen gehören, müssen Regeln und Prinzipien gefunden werden, die den menschlichen Eigennutz in geordnete Bahnen lenken. Die oberste Regel der Gerechtigkeit – das Prinzip der Idiopragie, wonach jeder »das Seinige tut« (ebd.: 433 b) und dadurch bekommt, was sie oder er verdient – sorgt im Verbund mit den Tugenden der Weisheit, Besonnenheit und Tapferkeit dafür, dass der individuelle Eigennutz in einen öffentlichen Gemeinnutzen einmündet und der »Staat zur Vollkommenheit« (ebd.: 433 d) geführt wird.

Platon sieht also die Vorteile wirtschaftlicher Prozesse für die Befriedigung menschlicher Bedürfnisse, er erkennt aber auch die Notwendigkeit der politischen Regulierung der Wirtschaft und der Ausbildung ethischer Tugenden, ohne die der Hang des Menschen zur Nutzenmaximierung die Oberhand behalten und eine Schädigung des Gemeinwesens nach sich ziehen würde. Gesetze, Erziehung und die Herrschaft einer geistigen Elite (die »Philosophen-Könige«) sorgen dafür, dass die Verfolgung der

Eigeninteressen einem höheren Gut, dem guten und gerechten Leben in der Gemeinschaft, untergeordnet wird. Das Gerechtigkeitsprinzip ist ein Korrekturprinzip der ökonomischen Rationalität, die durch eine staatliche Ordnungspolitik in gemeinwohlverträgliche Bahnen gelenkt wird.

In seinem Spätwerk, den *Nomoi*, stellt Platon fest, dass der Kleinhandel »nämlich seinem eigentlichen Wesen nach nicht auf die Schädigung des Staates berechnet [ist], sondern durchaus auf seinen Nutzen«. Das Problem entsteht erst, »wenn sich die Gelegenheit zu starker Bereicherung bietet« und »die Gier ins Unermeßliche« wächst (Platon 1989b: 918 d). »Gegen solche Übel muß denn der Gesetzgeber stets ein Abwehrmittel bereit halten«: »Erstens muß er die Vertreter des Kleinhandelgewerbes auf eine möglichst geringe Zahl beschränken, sodann zum Betriebe nur solche Leute zulassen, die ohne großen Schaden für den Staat sittlich mehr und mehr sinken können, und drittens doch auch den Leuten selbst, die diesen Beruf erwählt haben, beizukommen suchen, indem man es ihnen gar nicht zu leicht macht, ihrer Neigung zu einer schamlosen und unwürdigen Sinnesart zu frönen.« (ebd.: 919 b-d)

Während sich Platon als Vertreter einer gelenkten Wirtschaft und, wenn man so will, eines Ordoliberalismus *avant la lettre* auffassen lässt, steht die Wirtschaftsphilosophie von Aristoteles am Anfang einer Traditionslinie, die von der Subsistenzwirtschaft über die Marktsoziologie bis zu aktuellen Debatten um eine *moral economy* führt. Aristoteles befasst sich nicht nur mit der sozialen Einbettung von Märkten und der ethischen Legitimation von Tauschprozessen, sondern vor allem mit der Frage nach einer bedarfsgerechten Wirtschaft. Seine Unterscheidung zwischen »Oikonomia« (Kunst der Haushaltsführung) und »Chremastiké« (Beschaffungskunst) hat zuerst einmal den Zweck, den wirtschaftlichen Gebrauch der Güter von ihrer Bereitstellung abzugrenzen: »Es leuchtet ein, daß die Kunst der Haushaltsführung nicht mit der Beschaffungskunst identisch ist; denn diese hat die Aufgabe, die Mittel bereitzustellen, jene andere dagegen, sie zu gebrauchen.« (Aristoteles 2012: 1256 a)

Die Chrematistik wird von Aristoteles nicht von vornherein abgewertet, wie vielfach angenommen wird, sondern dient als natürliche Beschaffungskunst (»Ktetik«) der Grundversorgung mit lebensnotwendigen Gütern durch Jagd, Weidewirtschaft, Handwerk und Handel. Die Beschaffungskunst wird erst dann zu einem Problem, wenn sie die natürliche Grenze der Bedarfsbefriedigung überschreitet und in eine »gewinnsüchtige Erwerbskunst« (ebd.: 1257 a) übergeht, die künstliche Bedürfnisse erzeugt und auf spekulative Profite zielt. Aristoteles verurteilt weder gewerblichen Handel noch den Tausch von Gütern auf Märkten, sondern eine renditegetriebene Akkumulation von Besitz, die Bildung von Reichtum und die Zinsnahme durch Wucherer und Höker, die durch den Gebrauch von Münzgeld forciert werden. Handel und Gewerbe sind so lange legitim, wie sie sich am eudaimonistischen Ideal des »vollkommenen Lebens« (ebd.: 1258 a) ausrichten und dazu beitragen, das Ziel der Autarkie zu erreichen, das in Unabhängigkeit und Selbstgenügsamkeit auf der Grundlage einer naturgemäßen Güterversorgung besteht.

Das Wirtschaftsverständnis von Aristoteles ist bedürfniskritisch, subsistenzfundiert und fairnessorientiert. Aristoteles wirft die Frage auf, wie eine gerechte Preis- und Lohngestaltung auszusehen hat, und beantwortet sie auf verdienstethische Weise: Unterschiedliche Arbeitsleistungen müssen unterschiedlich honoriert werden, denn »nichts hindert, daß die Leistungen des einen wertvoller sei als die des anderen, und folglich muß hier ein Ausgleich geschaffen werden« (Aristoteles 1995: 1133 a 10–15). Der Ausgleich besteht nicht in der egalitären Bezahlung, sondern in der proportionalen Vergütung der erbrachten Leistungen, denn wenn bei unterschiedlichen Verdiensten »jeder das Seine bekommt, dann stehen sie sich gleich, und es kann ein geregelter Verkehr stattfinden« (ebd.: 1133 b 5). Das Medium dieses Verkehrs ist das Geld, durch das die Preise gezahlt werden, die in Anbetracht der Leistungen gerecht sind: »Das Geld macht also wie ein Maß alle Dinge kommensurabel und stellt dadurch eine Gleichheit unter ihnen her. Denn ohne Austausch wäre keine Gemeinschaft und ohne Gleichheit kein Austausch und ohne Kommensurabilität keine Gleichheit.« (Ebd.: 1133 b 15–20)

Tauschprozesse und Geldzahlungen sind nach Aristoteles dann gerecht, wenn die investierte Arbeit durch einen adäquaten Lohn abgegolten wird und die Preisgestaltung die soziale Gemeinschaftsbildung befördert. Damit ist nicht nur das Fundament für spätere Modelle der Lohn- und Arbeitsgerechtigkeit, sondern auch für die Theorie gerechter Preise gelegt, die besonders die nachfolgende thomistische Wirtschaftsphilosophie beschäftigt. Neuartig an dem aristotelischen Gerechtigkeitsprinzip ist vor allem, dass sowohl das richtige Maß der Tauschprozesse als auch des Gebrauchs von Gütern auf ein verallgemeinerbares Bewertungskriterium zurückgeführt werden, wonach sich die subjektiven Bedürfnisse an objektiven Bedarfen bemessen lassen, die ihren Grund in der natürlichen Ordnung menschlichen Zusammenlebens haben, welche durch das Vermögen der Tugend – als Fähigkeit zur Selbstbindung an Normen der Beschränkung und Fairness – angestrebt wird.

2.2 Neuzeit

Die moralische Ausrichtung bleibt in der nachantiken Wirtschaftsphilosophie erhalten, auch wenn Augustinus' Unterscheidung von göttlicher Herrschaft (»civitas dei«) und weltlicher Herrschaft (»civitas terrena«) ab dem 4. Jahrhundert zu einer sukzessiven Herauslösung der Wirtschaft aus ihrer religiös-ethischen Betrachtung beiträgt. Eigentum und Besitz wandeln sich zunehmend von einer naturrechtlichen zu einer vernunftrechtlichen Kategorie, sodass primär der adäquate Gebrauch von Gütern über die Legitimität ihres Besitzes entscheidet, die Gerechtigkeit also in der richtigen Verwendung und nicht vorrangig in der Verdienstlichkeit oder Verteilung besteht (vgl. Hoffmann 2009: 78 ff.). Gleichwohl ist in der scholastischen Philosophie des Mittelalters die Vorstellung leitend, dass Geld und Gewinne bloße Mittel zum Zweck des Lebens darstellen, sodass Zinsen und Wucher weiterhin verboten bleiben und eine subsistenzorientierte Naturalwirtschaft das Leitideal nicht nur klösterlicher, sondern auch säkularer Produktion und Konsumtion darstellt. Exemplarisch hierfür ist die Ablehnung spekulativer Renditen, denen keine reale Wertschöpfung entspricht, durch den schottischen Theologen Johannes Duns Scotus: »Wer weder das Heranschaffen noch die Lagerung noch die Verbesserung von Handelsgütern leistet, noch dem unerfahrenen Käufer eine Qualitätsgarantie oder Information liefert (durch sein Wissen über die Ware), sondern nur heute kauft, um ohne die Erfüllung auch nur einer einzigen dieser Voraussetzungen später zu verkaufen, sollte aus der Gemeinschaft ausgeschlossen und verstoßen werden.« (Zit. nach: Koslowski 1997: 73)

Im Thomismus des 13. Jahrhunderts wird die Frage nach dem Verhältnis von Marktpreisen und gerechten Preisen wieder aufgenommen und unter aristotelischem Einfluss dahingehend beantwortet, dass sich die Preise an dem intrinsischen Wert bemessen, den Güter für Menschen haben (»bonitas intrinseca«). Gewinne sind dann erlaubt, wenn sie der menschlichen Selbsterhaltung dienen und den Lohn für die Mühe des Handels bilden: »Deshalb steht nichts im Wege, daß man den Gewinn ausrichtet auf ein notwendiges oder ehrenhaftes Ziel. Und so wird der Handel zum erlaubten Handel. So, wenn einer den mäßigen Gewinn, den er im Handel sucht, ausrichtet auf die Erhaltung seines Hauses oder auch darauf, den Bedürftigen helfen zu können; oder auch, wenn einer Handel treibt zum öffentlichen Nutzen, damit nicht die zum Leben des Vaterlandes nötigen Dinge fehlen, und wenn er dabei den Gewinn nicht als Ziel sucht, sondern als Ertrag der Arbeit.« (Thomas von Aquin 1953: 77,4)

Die nominalistische Wirtschaftsphilosophie des Thomismus, die auf dem Vorrang der Idee über die Wirklichkeit und damit auf einer transzendenten Wertlehre beruht, welche bis in die Frühe Neuzeit gültig bleibt, wird durch die Ausbreitung des Rationalismus und Empirismus von einer stärker wissenschaftlich fundierten Lehre des Wirtschaftens im Merkantilismus (16. bis 18. Jahrhundert) abgelöst. Der Merkantilismus (von »mercor«: Handel treiben) geht davon aus, dass Produktion und Konsumtion auf objektiven Gesetzmäßigkeiten beruhen, die sich mithilfe der Vernunft erkennen lassen. Unter dem Einfluss von Issac Newton und Francis Bacon entwickeln Autoren wie Thomas Mun und Jean-Baptiste Colbert sowie später David Hume die Vorstellung, dass das ökonomische System durch natürliche Kräfte bestimmt wird, die sich selbst regulieren und so wenig wie möglich durch Eingriffe der Regierung gestört werden sollen. Vor dem Hintergrund einer expandierenden Geld- und Marktwirtschaft vertreten die Merkantilisten eine mechanistische Gleichgewichtstheorie, wonach Wettbewerb und Freihandel zur Steigerung des nationalen Wohlstands beitragen. Die Aufgabe des Staates besteht darin, durch seine Geld-, Handels- und Zollpolitik die Macht des eigenen Landes zu steigern und die nationale Wirtschaft konkurrenzfähig zu machen. Der Merkantilismus führt nicht nur zu einer generellen Verwissenschaftlichung der ökonomischen Lehre, sondern auch zur Entstehung der Nationalökonomie, die über

Jahrhunderte die Regierungsgeschäfte anleitet und als Disziplin an den Universitäten gelehrt wird (vgl. Pribram 1998: 119 ff.).

Die Lehre der staatlich organisierten Wirtschaftspolitik, die Voraussetzung für das Gleichgewicht ökonomischer Prozesse ist, wird im Kameralismus (von »camera«: Schatzkammer) fortgesetzt, der mit Namen wie Johann Heinrich Gottlob von Justi, aber auch Gottfried Wilhelm Leibniz verbunden ist. Der Kameralismus ist die deutsche Variante des Merkantilismus und verfolgt im 17. und 18. Jahrhundert als Verwaltungswissenschaft, die zuerst an den Universitäten Halle, Frankfurt/Oder und Speyer unterrichtet wird, das Ziel, eine effiziente Regierung mit einem ausgeglichenen Staatshaushalt zu verbinden.

Im weiteren Verlauf wird die staatlich gelenkte Freihandelspolitik durch die Annahme ergänzt, dass es einen quasi automatischen Ausgleich wirtschaftlicher Kräfte gibt, der dann am besten funktioniert, wenn Markt- und Handelsschranken abgebaut werden. So verteidigt Hume nicht nur den Abbau von Zöllen und eine Aufwertung des Außenhandels, sondern eine Quantitätstheorie des Geldes, wonach sich Preisniveau und Geldmenge langfristig proportional entwickeln und zu einer ausgeglichenen Handelsbilanz führen (»Goldautomatismus«): »Wie wird zwischen den Provinzen jedes Königreichs eine ausgeglichene Bilanz gehalten, wenn nicht aufgrund der Kraft dieses Prinzips, durch das Geld unmöglich sein Niveau verlassen und über sein Verhältnis zu der Arbeit und den Waren in jeder Provinz hinaus ab- oder zunehmen kann?« Humes interessante Erklärung lautet: »Wir müssen uns nicht auf physikalische Anziehung berufen, um die Zwangsläufigkeit einer solchen Entwicklung zu erklären. Es gibt eine moralische Anziehung, die aus den Interessen und Leidenschaften der Menschen entsteht und ebenso kraftvoll und unfehlbar ist.« (Hume 1988: 237)

2.3 Klassik

Das von Hume beschriebene Verhältnis von Leidenschaften und Interessen steht im Zentrum des ökonomischen Denkens im 18. und 19. Jahrhundert. Mit der Herausbildung der utilitaristischen Philosophie von John Locke und durch die schottische Moralphilosophie von Shaftesbury und Francis Hutcheson wird die Frage aufgeworfen, welchen primären Motiven ökonomische Akteure bei ihren Handlungsentscheidungen folgen: dem persönlichen Nutzen oder einem übergeordneten Interesse? Vor diesem Hintergrund entsteht die klassische Theorie des vorteilhaften Ausgleichs nicht-rationaler Einzelhandlungen durch die Gesamtrationalität des Marktes. Der Wert des Marktes besteht darin, dass er ohne individuelle Absicht den gesellschaftlichen Wohlstand befördert. Dieser Vorgang wird vor allem durch zwei Prinzipien erklärt: Zum einen führt der persönliche Eigennutzen durch die Koordinierungskraft des Marktes zu einem kollektiven Gemeinnutzen (das »Prinzip der positiven Nebenwirkungen«), zum anderen werden Leidenschaften durch entgegengesetzte Leidenschaften neutralisiert und steigern durch die Bündelung von Interessen das Gemeinwohl (das »Prinzip der wechselseitigen Neutralisierung«) (vgl. Hirschman 1984: 23 ff.).

Nach Albert Hirschman beruht der Erfolg des Kapitalismus darauf, dass er wie keine andere Wirtschaftsform in der Lage ist, menschliche Affekte und Leidenschaften in geordnete Bahnen zu lenken und für die Befriedigung gemeinsamer Interessen nutzbar zu machen. Paradigmatisch hierfür sind Bernard Mandevilles *Bienenfabel* von 1714 (1980), in der »private vices« zu »public benefits« führen, und Humes Modell des selbstregulativen Ausgleichs von Affekten: »Es gibt also keinen Affekt, der fähig ist, die eigennützige Neigung im Zaum zu halten, außer dieser Neigung selbst, wenn man ihr nämlich eine neue Richtung gibt.

Diese Richtungsänderung aber muss bei geringstem Nachdenken notwendig eintreten; denn offenbar wird dieser Affekt durch seine Einschränkung weit besser befriedigt, als solange er frei ist. Indem wir die Gesellschaft erhalten, kommen wir viel eher zu Besitz als in dem einsamen und verlassenen Zustande, der die notwendige Folge der Gewalttätigkeit und allgemeinen Ungebundenheit wäre.« (Hume 2013: 571) Die Konsequenzen dieser Sichtweise bestehen nicht nur in einer Aufwertung von Tugenden der Sparsamkeit und Mäßigung, sondern auch von Gelderwerb und Handel, die zur Kultivierung der Sitten beitragen (»doux commerce«).

Die zivilisierende Wirkung von Märkten steht auch im Zentrum der wohl bedeutendsten Wirtschaftsphilosophie der klassischen Periode, der Wohlstandstheorie von Adam Smith, der die utilitaristische Ethik mit der ökonomischen Wertlehre verbindet. Nach Smith resultiert die Wertschöpfung im Wesentlichen aus den drei Quellen der Arbeitsproduktivität, der Bodenerträge und der Kapitalrenditen, die den nationalen Wohlstand hervorbringen. Leitend ist dabei nicht das »Wohlwollen des Metzgers, Brauers und Bäckers« (Smith 1978: 17), sondern das Eigeninteresse des ökonomischen Akteurs, das wie »von einer unsichtbaren Hand geleitet« dazu beiträgt, »einen Zweck zu fördern, den zu erfüllen er in keiner Weise beabsichtigt hat« (ebd.: 371).

Smith wandelt das Idiopragie-Prinzip von Platon, wonach die Menschen bekommen, was sie verdienen, ab und kombiniert es mit der aristotelischen Preis- und Lohntheorie. Indem ›jeder das Seine tut‹, Arbeit und Produktion spezialisiert werden, ist für alle gesorgt, wenn die tatsächlichen Preise, die am Markt erzielt werden, sich an den natürlichen Preisen ausrichten, in die Arbeit, Kapital und Boden als Investitionen eingeflossen sind. Der Markt ist durch ein dynamisches Gleichgewicht von Angebot und Nachfrage gekennzeichnet, das für eine effiziente und faire Allokation von Gütern sorgt. Voraussetzung für die Steigerung des Wohlstands ist neben geltenden Gesetzen, der Steuer- und Wirtschaftspolitik des Staates sowie intakten Bildungsinstitutionen vor allem die Fähigkeit des Menschen, Sympathie mit anderen zu verspüren und die Position des unbeteiligten Zuschauers einzunehmen, wie sie Smith in seiner *Theorie der ethischen Gefühle* beschreibt (vgl. Smith 2004: 166 ff.).

Smith entwickelt in seiner ethischen Fundierung der Wirtschaft die normativen Grundlagen der *commercial society* und betrachtet die Ökonomik im Kern als *moral science*. Er versteht die Nationalökonomie als Zweig der Regierungs- und Verwaltungslehre, die sich vor dem Hintergrund der kolonialistischen Handelswirtschaft Englands, der Niederlande und Frankreichs mit den Gesetzen des Wohlstands befasst, ohne dafür ein theoretisches Modell der Nutzenfunktionen und des Gleichgewichts zu benötigen. Dies wird erst von Jean-Baptiste Say und David Ricardo geleistet, die in der Nützlichkeit die Quelle der Produktion sehen und den Mehrwert auf Kostenvorteile zurückführen. Ricardos Modell des Tauschwerts und seine Theorie komparativer Kosten, wonach Länder sich auf optimale Produkte (wie etwa Wein in Italien) spezialisieren sollten, leiten die materielle Wertschöpfungslehre in eine formale Mehrwerttheorie über, die unter dem Einfluss der Assoziationspsychologie und der Newton'schen Mechanik die Marktprozesse als freies Spiel von Kräften betrachtet, welche sich wechselseitig dynamisieren und stabilisieren.

Mit der Vorstellung einer physikalischen Balance von Marktkräften und dem Primat der Nutzenfunktion hält das hypothetische Denken Einzug in die Wirtschaftsphilosophie. Ökonomische Handlungen werden unter Anleitung einer zentralen Deutungshypothese *idealiter* so betrachtet, als ob sie dieser Annahme *realiter* folgen würden. Die normative Ökonomik verwandelt sich sukzessive in eine positive Ökonomik, der wissenschaftlich begründbare und empirisch belegbare Gesetze zugrunde liegen. Entsprechend wird die Doktrin des Utilitarismus, auf der die Philosophien John Lockes, Jeremy Benthams und später John Stuart Mills basieren, schrittweise abgewandelt und bezieht sich immer weniger auf die Nützlichkeit als objektive Eigenschaft von Dingen, sondern auf den Nutzen als subjektive Relation zwischen Menschen und Gütern, die zur Grundlage der neoklassischen Ökonomik im 20. Jahrhundert wird.

Bis in die Mitte des 19. Jahrhundert bleibt erst einmal die psychologische Sichtweise auf den hedonistischen Nutzwert von Gütern leitend, auf der schon im 17. Jahrhundert Lockes Okkupationstheorie der Arbeit und des Eigentums aufbaut, wonach jeder Mensch nicht nur »Eigentum an seiner Person«, sondern auch an der »Arbeit seines Körpers« und dem »Werk seiner Hände« hat (Locke 2003: 22). Lockes Theorie des »self-ownership« und des rechtmäßig erwirtschafteten Besitzes findet ihre Fortsetzung bei Immanuel Kant, der das Eigentum aus der Vernunftidee des Rechts ableitet, das die öffentliche Sicherung privaten Besitzes durch den Staat gewährleistet. Der Rechtsstaat bildet den Ordnungsrahmen der Wirtschaft, die durch die Freiheit des Gütertauschs und des Geldverkehrs gekennzeichnet ist. Kant knüpft explizit an Adam Smith an, wenn er schreibt, dass das Geld »derjenige Körper [ist], dessen Veräußerung das Mittel und zugleich der Maßstab des Fleißes ist, mit welchem Menschen und Völker untereinander Verkehr treiben« (Kant 1977: 403).

Ähnlich wie Locke und Kant zählt Johann Gottlieb Fichte in seiner Schrift *Der geschlossene Handelsstaat* (1800) das Recht auf Eigentum zu den Grundrechten. Er verankert es jedoch auf einer vorgesellschaftlichen Ebene, aus der ein rechtmäßiger Anspruch auf notwendige Lebensgrundlagen abgeleitet wird, die durch die menschlichen Tätigkeiten erzeugt werden. Die Aufgabe des Staates besteht darin, das Recht auf die eigenen Arbeitsprodukte abzusichern und durch die Kontrolle des wirtschaftlichen Verkehrs dafür zu sorgen, dass Handel und Märkte in freiheitsverträgliche Schranken verwiesen werden (vgl. Hoffmann 2009: 180 ff.). Fichtes Handelsstaat ist weniger ein planwirtschaftliches als ein vernunftstaatliches Korrektiv des frühkapitalistischen Liberalismus, der durch entfesselten Wettbewerb und rücksichtslose Konkurrenz zu einem – wie es in Anspielung auf den Naturzustand bei Hobbes heißt – endlosen »Krieg Aller im handelnden Publikum gegen Alle, als Krieg zwischen Käufern und Verkäufern« geführt hat, in dem von der ursprünglichen Freiheit nichts anderes übrig bleibt, als »sich gegenseitig zugrunde zu richten« (Fichte 1922: 71).

Anders als Fichte unterscheidet Georg Wilhelm Friedrich Hegel in seinen *Grundlinien der Philosophie des Rechts* (1821) zwischen der bürgerlichen Gesellschaft als Bereich der privaten Freiheit und dem Staat als Garanten der öffentlichen Ordnung, die beide über informale und formale Institutionen wie Traditionen, Moral, Vereine und Verbände miteinander verbunden sind. Hegel, der staatlich gewährleistete Grundrechte auf Eigentum und Verträge durch konkrete Anerkennungsverhältnisse ergänzt, also die Angewiesenheit des Menschen auf soziale Interaktionen betont, hatte schon in seiner *Naturrechtsschrift* (1802/03) die Ökonomie als »System der allgemeinen gegenseitigen Abhängigkeit« (Hegel 1986a: 482) bezeichnet, die zur gesellschaftlichen Emanzipation des Individuums, aber auch zur Entfremdung durch Arbeit und zu abhängigen Lohnverhältnissen führen kann. In der *Rechtsphilosophie* entwickelt Hegel seine Diagnose der bürgerlichen Gesellschaft als »System der Bedürfnisse« (Hegel 1986b: § 189), das durch Gewerbe, Handel und Märkte die Verwirklichung von Freiheit und Wohlstand ermöglicht. Wie Adam Smith erkennt Hegel im Kapitalismus eine produktive Dialektik von Eigeninteresse und Gemeinwohl: »In dieser Abhängigkeit und Gegenseitigkeit der Arbeit und der Befriedigung der Bedürfnisse schlägt die *subjektive Selbstsucht* in den *Beitrag zur Befriedigung der Bedürfnisse aller anderen* um« (ebd.: § 199). Die Objektivierung der Arbeitskraft in ihren Produkten steigert das Wohlstandsniveau, erzeugt aber auch neue Ungleichheiten und Ausbeutungsverhältnisse: »Die Engländer, die einen großen Welthandel haben, haben ein großes Kapital. Da häuft sich Reichtum an. Mit dieser Anhäufung entsteht das andere Extrem, Armut und Elend. Die konkreten Arbeiter verlieren ihre Arbeiten, und die geringen Kapitalisten werden ruiniert durch die großen. Die Maschinen in England machen viele 100 000 Menschen entbehrlich.« (Hegel 2000: 145)

Karl Marx knüpft an Hegels Produktionstheorie an, erweitert sie aber um die Sphären der Distribution, Konsumtion und Zirkulation und stellt sie auf eine materialistische Grundlage (vgl. Marx 1953: 10 ff.). Die ökonomische Wertschöpfung findet nach Marx dadurch statt, dass die Entlohnung der Arbeiter proportional geringer ausfällt als der Gewinn der Kapitaleigner durch den Verkauf der produzierten Güter. Der Mehrwert, der durch den Tausch von Waren am Markt erzeugt wird, geht nicht nur zu Lasten der lohnabhängigen Arbeiter, sondern führt aufgrund steigender Investitionskosten zu einer sinkenden Profitrate und einem forcierten Wettbewerb der Kapitalisten, die sich wechselseitig unterbieten und ähnlich wie bei Fichte am Ende zugrunde richten. Der Konflikt zwischen Kapital und Arbeit mündet in die Selbstaufhebung der bürgerlichen Gesellschaft, da die kapitalistische Produktion »mit der Notwendigkeit eines Naturprozesses ihre eigne Negation« (Marx 2013: 791) erzeugt.

Die wirtschaftsphilosophische Relevanz von Marx und den Philosophen des deutschen Idealismus besteht in dem Ziel, das System der Wirtschaft vernunftrechtlich zu begründen und ethisch zu legitimieren. Ihre Sichtweise der Ökonomie ist geprägt von der Vorstellung, dass Handel, Industrie und Märkte eine lebensdienliche Funktion besitzen und anhand menschlicher statt wirtschaftlicher Kategorien bewertet werden müssen. Die Diagnosen der Entfremdung und Ausbeutung durch Lohnarbeit, die Kritik des marktlichen Wettbewerbs und die Warnungen vor den Krisen des Kapitalismus sind charakteristisch für die deutsche Tradition der Wirtschaftsphilosophie, die von einem kategorischen Vorrang des Normativen vor dem Faktischen und der Idee vor der Wirklichkeit ausgeht. Diese Vorstellung findet sich vor allem in der romantischen Ökonomie des Diplomaten und Staatstheoretikers Adam Müller wieder, der vom »poetischen Besitz« der Dinge spricht, oder auch in den Schriften des Sozialreformers Lorenz von Stein, der den Begriff des »Güterlebens« verwendet und die Volkswirtschaft als »Güterlehre« versteht, in der es um die stoffliche Beziehung zwischen dem Menschen und seinen Produkten geht (vgl. Schivelbusch 2016: 119 ff.).

Im Unterschied zur deutschen Wirtschaftsphilosophie beruht das ökonomische Denken in Frankreich und England stärker auf naturwissenschaftlichen und empirischen Theorien, die von einem Verständnis des Menschen ausgehen, wie er faktisch ist, und nicht, wie er aus normativer Perspektive sein sollte. Exemplarisch hierfür steht John Stuart Mill, der in seinen *Principles of Political Economy* (1848) die Idee einer Wissenschaft entwirft, die »sich mit dem Menschen lediglich in seiner Eigenschaft als ein Wesen [beschäftigt], das Reichtum besitzen möchte und das die relative Effizienz der Mittel zum Erreichen dieses Zieles beurteilen kann« (Mill 2008: 170). Mill entwickelt das Modell des Homo oeconomicus, der »einzig und allein mit dem Erwerb und Konsum von Reichtum« befasst ist und diesen »Reichtum zur Erzeugung weiteren Reichtums verwendet« (ebd.). Dabei räumt Mill ein, dass kein »politischer Ökonom so töricht gewesen wäre, anzunehmen, die Menschheit sei wirklich so beschaffen«, sondern dass das Modell verwendet werde, »weil dies die Art und Weise ist, wie eine Wissenschaft zwangsläufig vorgehen muß« (ebd.: 171).

Der Homo oeconomicus stellt keinen realen Akteur dar, sondern ein idealtypisches Modell, das zur wissenschaftlichen Theoriebildung erforderlich ist. »Alle diese Handlungen werden von der politischen Ökonomie so betrachtet, als ergäben sie sich letztlich aus dem Streben nach Reichtum, obwohl viele davon einer Vielzahl von Motiven entspringen« (ebd.). Die politische Ökonomie ist eine »*a-priori*-Methode«, die von »Hypothesen« über das wahrscheinliche Verhalten von Menschen ausgeht, die so lange gelten, bis »störende Ursachen« eine Überprüfung der theoretischen Grundannahmen erforderlich machen (ebd.: 175, 180). Diese Überprüfung geschieht durch eine »*a-posteriori*-Methode«, die auf der »spezifischen Erfahrung« (ebd.: 182) beruht und zur Korrektur der methodischen Annahmen führen kann.

Mill geht in seiner politischen Ökonomie von einer willkürlichen Definition des Menschen aus, die andere Handlungsmotive nicht ausschließt, aber in der Nutzenorientierung das dominanteste Motiv sieht. Er legt mit den Mitteln des Utilitarismus ein heuristisches Konzept des Menschen zugrunde, der so betrachtet wird, *als ob* er – unter Ausschluss weiterer Faktoren (*ceteris paribus*) – die Maximierung seines Wohlergehens betreibt. Damit entwickelt er das Grundmodell der neoklassischen Nutzen- und Gleichgewichtstheorie, das bis zur modernen Verhaltensökonomik leitend bleibt. Mit Mill ist der Paradigmenwechsel von Ökonomik als *moral science*, wie sie von Hume und Smith über Kant und Hegel bis zu Marx betrieben wurde, zur Ökonomik als *social science* vollzogen, die nun in der neoklassischen Wirtschaftsphilosophie in den Vordergrund tritt.

2.4 Neoklassik

In der zweiten Hälfte des 19. Jahrhunderts tritt an die Stelle der Mehrwerttheorie (Ricardo, Marx), die ihrerseits die klassische Arbeitswertlehre (Smith) und neuzeitliche Naturwertlehre (Aristoteles, Aquin) abgelöst hatte, die moderne Nutzentheorie (Bentham, Mill). Der Nutzenbegriff entwickelt sich zum Leitparadigma des ökonomischen Liberalismus, der vom rationalen Eigeninteresse der Individuen und der Ordnungsfunktion des Marktes ausgeht. Märkte sorgen für ein Gleichgewicht von Angebot und Nachfrage, wenn die Akteure auf der Grundlage ihrer individuellen Rationalität einen präferierten Nutzen verfolgen. Idealtypische Voraussetzungen hierfür sind konstante Gütermengen und Produktionsmittel, stabile Präferenzen und eine erwartete Nutzengröße. Unter der Prämisse einer gegebenen Ausgangsausstattung (»endowment«) trägt der Markt trotz vorhandener Knappheit zu einer optimalen Verteilung von Gütern und einer idealen Befriedigung von Bedürfnissen bei.

Diese Sichtweise wird vor allem im Marginalismus (von »margin«: Grenze, Gewinn) vertreten, zu dem unter anderem William Stanley Jevons, Carl Menger, Léon Walras und Hermann Heinrich Gossen gezählt werden. Der Marginalismus beruht auf dem Theorem des Grenznutzens, wonach der Wert eines Gutes durch den Nutzen bestimmt wird, den das letzte hinzutretende Gut gleicher Art erzeugt (vgl. Schlaudt 2016: 30 f.). Durch die Vorstellung eines abnehmenden (genauer: erreichten) Grenznutzens lässt sich der Preis von Waren anhand der Präferenz bestimmen, die ein Käufer für eine vergleichbare Ware besitzt, welche er für einen geringeren Geldbetrag kaufen könnte beziehungsweise für die er mehr zu zahlen bereit wäre, wenn sie einen höheren Nutzen verspräche. Das Gleichgewicht von Angebot und Nachfrage ist dann erreicht, wenn bei gleicher Nutzenerwartung keine größere Zahlungsbereitschaft mehr besteht: Die Nachfrager wählen bei gegebenen Preisen die Gütermenge, die sie am stärksten präferieren; die Anbieter das Angebotsvolumen, das ihre Gewinne am besten maximiert.

Die Idee des Grenznutzens erlaubt die Ableitung effizienter Marktallokation aus der subjektiven Wertschätzung von Gütern, die anhand der Relation von Preis und Gebrauchswert präferiert werden. Die Nutzengrenze wird durch eine Sättigungsgrenze bestimmt, über die hinaus für rationale Marktakteure keine größere Befriedigung ihrer Bedürfnisse mehr entsteht. Die »marginale Revolution« besteht darin, dass die Erklärung der Preise und des Marktgleichgewichts von der Güterproduktion zur Nachfrageseite verlagert wird und sich damit auf mathematische Verteilungstheorien zurückführen lässt. Die Grenznutzentheorie, die ihre Wurzeln im Utilitarismus, der Psychophysik und der Wahrscheinlichkeitsrechnung hat, verwandelt sich im Übergang vom 19. zum 20. Jahrhundert von einer Theorie des kardinalen Nutzens, der in der Intensität der befriedigten Bedürfnisse besteht, über die ordinale Nutzentheorie, die sich auf die Rangordnung präferierter Alternativen bezieht, zur axiomatischen Nutzentheorie, die sich mit der Repräsentation gewählter Optionen befasst, die unabhängig von ihrem realen Nutzen betrachtet werden. Auf dem Weg von Jevons' utilitaristischem Nutzenverständnis über Vilfredo Paretos Modell effizienter Güterverteilungen und Paul Samuelsons Konzept offenbarter Präferenzen bis zur Erwartungsnutzentheorie von Oskar Morgenstern und John von Neumann wird der Nutzenbegriff sukzessive inhaltlich entleert und zum formalen Fundament einer positiven Ökonomik gemacht, die mithilfe hypothetischer Modellbildungen reale Verhaltensweisen abzubilden versucht (vgl. Klonschinski/Wündisch 2016: 606 ff.).

Aus wirtschaftsphilosophischer Sicht ist an dieser Entwicklung der neoklassischen Ökonomik bemerkenswert, dass das Nutzenmodell primär der Darstellung einer konsistenten Präferenzordnung dient, nach der Akteure bestimmte Optionen nicht wählen, weil sie mit ihr einen höheren Nutzen verbinden, sondern umgekehrt der gewählten Option ein höherer Nutzenwert zugesprochen wird, weil sie von Akteuren gewählt wurde. Die moderne Wohlfahrtsökonomik führt das Wohlergehen von Akteuren auf nutzenorientierte Wahlentscheidungen zurück, in denen sich individuelle Präferenzen offenbaren, ungeachtet der Frage, welche Qualität der gewählte Nutzen und damit das präferierte Wohlergehen besitzen. Das sogenannte Pareto-Optimum, wonach eine ideale Güterverteilung dann erreicht ist, wenn niemand bessergestellt werden kann, ohne dass jemand anders schlechtergestellt wird, sagt nichts über das tatsächliche Niveau der Verteilung aus, sondern nur über die relative Besserstellung von Akteuren, die sich aus ihren individuellen Präferenzentscheidungen ergibt (vgl. Boulding 1969: 5 f.).

Das Postulat der Wertfreiheit, so wie es Max Weber für die Natur- und Sozialwissenschaft gefordert hat (Weber 1985: 489–540), bildet eine Grundannahme der positiven Ökonomik, die allerdings im weiteren Verlauf von unterschiedlichen Seiten infrage gestellt wird. So fordert im sogenannten Methodenstreit zwischen der neoklassischen und der Historischen Schule der deutsche Nationalökonom Gustav von Schmoller gegen den Österreicher Carl Menger eine »ethische Ökonomie«, die auf der staatlichen Förderung und Absicherung marktlicher Verteilungsprozesse beruht (vgl. Priddat 2002: 110 f.). Schmollers Plädoyer für eine wirtschaftspolitische Auseinandersetzung mit der »sozialen Frage« (Schmoller 1918) steht für eine Abkehr vom Idealtypus der Ökonomik als exakter Wissenschaft, wie sie von Menger vertreten wird, und für den Übergang zu einer wertorientierten Nationalökonomie, die gesellschaftliche Folgen der Industrialisierung durch eine staatliche Wohlfahrtspolitik zu behandeln versucht.

Die Abwendung von den Doktrinen des Laissez-faire-Liberalismus wird vor allem von John Maynard Keynes vollzogen, der in seiner *General Theory of Employment, Interest, and Money* (1936) für eine staatliche Konjunkturpolitik argumentiert, die durch Anreize für Investitionen und Konsum die gesamtwirtschaftliche Nachfrage ankurbeln soll. Gegen das liberale Dogma der Austerität setzt Keynes auf das Prinzip der Staatsverschuldung und auf eine verstärkte Geldnachfrage, die angesichts der Weltwirtschaftskrise zur Verringerung von Arbeitslosigkeit und zu ökonomischem Wachstum beitragen soll. Keynes ist Vertreter einer regulativen Wirtschaftspolitik, die gegen die Selbststeuerung des Marktes die Vorteile staatlicher Interventionen, einer aktiven Lohn- und Preisgestaltung und das Prinzip der effektiven Nachfrage verteidigt (vgl. Kurz 2013: 92).

Wirtschaftsphilosophisch relevant an Keynes ist seine Verbindung von staatlichen Rahmenregeln und Marktwirtschaft, die im Ordoliberalismus fortgesetzt wird. Als Geburtsstunde des Ordo- beziehungsweise Neoliberalismus, die am Anfang noch nicht begrifflich unterschieden werden, gilt ein Kolloquium, das aus Anlass des Buches *The Good Society* von Walter Lippmann 1938 in Paris stattfindet und an dem neben anderen Walter Eucken, Friedrich A. von Hayek, Wilhelm Röpke, Alexander Rüstow, Milton Friedman und Ludwig von Mises teilnehmen. Die dort geführte Debatte um die Frage, ob der Staat als politische Ordnungsinstanz oder der Markt als Institution effizienter Allokation den Vorrang besitzt, führt 1947 zur Gründung der Mont Pèlerin Society durch Hayek und die nachfolgende Aufspaltung in den kontinentaleuropäischen Ordoliberalismus und den angloamerikanischen Neoliberalismus (vgl. Plickert 2008: 113 ff.). Während der Ordoliberalismus, der eine staatliche Rahmenordnung und regulative Währungspolitik, die Sozialpartnerschaft und persönliche Haftung verteidigt, der Sozialen Marktwirtschaft den Weg bereitet, wird der Neoliberalismus, der auf offenen Wettbewerb, freie Märkte und die Privatisierung der öffentlichen Wohlfahrt setzt, als Motor des deregulierten Kapitalismus und der ökonomischen Globalisierung gesehen.

Exemplarisch hierfür steht die »Chicago School« der Neoklassik, zu der unter anderem Gary S. Becker und Milton Friedman gehören. Während Becker einen ökonomischen Ansatz der Verhaltenserklärung – den sogenannten »ökonomischen Imperialismus« – entwickelt hat, der soziale Institutionen wie Strafe, Ehe und Familie auf Nutzenentscheidungen zurückführt (Becker 1976), vertritt Friedman eine marktliberale Position, die gegen staatliche Interventionen gerichtet ist und die wirtschaftliche Freiheit als Garanten politischer Freiheit verteidigt. Friedman plädiert dafür, die gesellschaftliche Verantwortung von Unternehmen auf die Erwirtschaftung von Gewinnen zu beschränken, betont aber zugleich die Notwendigkeit von Gesetzestreue und Regelkonformität: »In einem freien Wirtschaftssystem gibt es nur eine einzige Verantwortung für die Beteiligten: Sie besagt, dass die verfügbaren Mittel möglichst Gewinn bringend eingesetzt und Unternehmungen unter dem Gesichtspunkt der größtmöglichen Profitabilität geführt werden müssen, solange dies unter Berücksichtigung der festgelegten Regeln des Spiels geschieht, d.h. unter Beachtung der Regeln des offenen und freien Wettbewerbs und ohne Betrugs- und Täuschungsmanöver.« (Friedman 2004: 164)

2.5 Gegenwart

Das Vertrauen in die Effizienz von Märkten und der Glaube an die Nutzenrationalität von Akteuren werden ab der zweiten Hälfte des 20. Jahrhunderts zunehmend kritischer beurteilt. Aufgrund von Entwicklungen wie der wachsenden Ungleichverteilung von Vermögen durch den Aktionärs- und Börsenkapitalismus, die Unterschreitung sozialer Standards durch einen schrankenlosen Freihandel und die ökologischen Folgen des ökonomischen Wachstums werden grundlegende Voraussetzungen der liberalen Marktwirtschaft hinterfragt. Hinzu kommen die methodische Kritik an neoklassischen Theorien und Resultate empirischer Forschungen, die eine Korrektur ökonomischer Modelle und Verhaltensannahmen erforderlich machen.

In diesen Zusammenhang gehört als Erstes die Auseinandersetzung mit den *nicht-ökonomischen Voraussetzungen der Wirtschaft*. Schon Georg Simmel, Max Weber, Karl Polanyi und Joseph Schumpeter hatten auf die sozio-kulturellen Grundlagen des Geldes, die Einhegung der Marktwirtschaft durch politische Institutionen und die ökonomische »Zersetzung« (vgl. Schumpeter 1993: 252 ff.) von sozialen Verhaltensmustern durch den Kapitalismus aufmerksam gemacht. Durch Forschungen der Wirtschaftssoziologie und der Verhaltensökonomik ist in den letzten Jahrzehnten deutlich geworden, dass Märkte keine neutralen Orte der Allokation von Gütern sind, sondern selbst Auswirkungen auf Präferenzen, Werte und Normen der Marktteilnehmer haben. Märkte können durch ihre Verfassung der Funktionalität und Effizienz die Persönlichkeitsstrukturen von Akteuren beeinflussen, zu Koordinationsproblemen in der Gestalt einseitiger Verteilungen (Armut) und der Externalisierung von Kosten (Umweltschäden) führen oder durch fehlende Transparenz und Informationen asymmetrische Verhältnisse (Macht von Unternehmen, Lobbyismus) erzeugen. Experimente und Feldstudien haben gezeigt, dass ökonomische Anreize moralische Normen wie Fairness, Solidarität oder Altruismus verdrängen können und der Handel mit marktfernen Gütern wie Naturressourcen, Gesundheit oder Bildung zur Verletzung sozialer Grundregeln führen kann. Nicht generell, aber unter bestimmten Bedingungen besteht das Risiko der Korruption (»corruption«) moralischer Normen und der Verdrängung (»crowding-out«) ethischer Einstellungen durch die ökonomische Nutzenrationalität (vgl. Sandel 2012; Bowles 2016).

Die Einbeziehung nicht-ökonomischer Faktoren spielt seit den 1980er Jahren auch innerhalb der neoklassischen Ökonomik eine wichtige Rolle. So haben Douglass North (1992) und Oliver Williamson (1990) in ihren institutionenökonomischen und neokontraktualistischen Forschungen gezeigt, dass es nicht ausreicht, das Fundament wirtschaftlicher Organisationen primär in formalen Verträgen, gesteigerter Effizienz und der Reduktion von Transaktionskosten zu sehen, sondern Unternehmen auf informelle Institutionen und kulturelle Praktiken wie Kooperationsbereitschaft, soziale Normen und eigene Kontrollsysteme angewiesen sind. Die erfolgreiche Governance von Unternehmen setzt einen sozio-kulturell und ethisch erweiterten Ansatz der Verfassung und Steuerung von Unternehmen voraus. In ähnlicher Weise haben Amartya Sen (2000) und Elinor Ostrom (1999) deutlich gemacht, dass die wirtschaftliche Entwicklung von Regionen und Ländern die Gewährleistung politischer Freiheit und individueller Chancengleichheit erforderlich macht und die kollektive Nutzung knapper öffentlicher Güter wie Wasser oder Weideland besser funktioniert, wenn sie durch eine gemeinsame Verfassung und die Selbstverantwortung der Allmende-Nutzer geregelt wird.

Aus wirtschaftsphilosophischer Sicht ist darüber hinaus die Korrektur *neoklassischer Theorie- und Verhaltensannahmen* ein relevantes Themenfeld. So konnte die neue Wohlfahrtsökonomik im Anschluss an Pareto zwar zeigen, dass nicht interpersonelle Nutzenvergleiche, sondern individuelle Präferenzen die Grundlage für wohlfahrtspolitische Maßnahmen darstellen, d.h. das Wohlergehen an der Zahlungsbereitschaft und dem Erwartungsnutzen von Individuen bemessen werden muss, um paternalistische Eingriffe zu vermeiden. Damit traten aber zwei neue Probleme auf: Präferenzen bilden subjektive Nutzenfunktionen ab, stellen aber keine objektiven Gründe dar, sodass ökonomische Theorien über Wohlfahrt und Ressourcenverteilungen nicht in der Lage sind, Aussagen über die soziale Erwünschtheit und ethische Legitimation der präferierten Maßnahmen zu machen. Zum anderen können Präferenzen nur dann als Maßstab für Nutzenentscheidungen fungieren, wenn sie formal konsistent und inhaltlich stabil sind (vgl. Hausman/McPherson 2006: 60 ff.).

Forschungen aus den Kognitions- und Verhaltenswissenschaften haben jedoch deutlich gemacht, dass Menschen nur begrenzt rational agieren und situativen Einflüssen – sogenannten »biases« – unterliegen, die zu systematisch verzerrten Entscheidungen führen, sodass die Annahme rationaler und stabiler Präferenzen nicht mehr ohne Weiteres aufrechterhalten werden kann (vgl. Kahneman 2012). So halten Personen an Status-quo-Einstellungen fest, überschätzen ihre Kontrollfähigkeiten, folgen Mehrheiten und diskontieren Verluste in die Zukunft. Wirtschaftsphilosophisch interessant ist daran die Frage, ob diese Verhaltensanomalien Symptome einer defizitären Rationalität oder der normalen Abweichungen von Verhaltensstandards sind, Menschen also falsch oder bloß irregulär agieren. Für die erste Position steht der libertäre Paternalismus (Thaler/Sunstein 2009), der durch moderate Handlungsanstöße (die Gestaltung der »choice architecture« und den Einsatz von »nudges«) Akteure dazu bringen will, das zu tun, was sie nach eigenem Bekunden tun möchten, wozu sie aber aufgrund kognitiver Defizite nicht in der Lage sind (der sogenannte »mind-behaviour gap«). Für die zweite Position stehen Theorien der Anspruchsanpassung und der adaptiven Rationalität (vgl. Gigerenzer/Selten 2001), die auf einer Modifikation von Präferenzen und Entscheidungen durch heuristische Urteilsbildungen beruhen. Während Nudges darauf zielen, Rationalitätsmängel zu korrigieren, indem Menschen z.B. durch Warnhinweise auf Zigarettenpackungen oder automatische Sparpläne in ihrer persönlichen Wohlfahrt gefördert werden, haben Heuristiken den Zweck, komplexe Entscheidungen zu vereinfachen, indem Personen eigene Selektionskriterien oder Prioritätenlisten entwickeln, an denen sie sich zum Beispiel bei Konsum- oder Investitionsentscheidungen orientieren. Der zentrale Unterschied zwischen den beiden Positionen besteht darin, dass das Nudging auf heteronome Eingriffe in individuelle Freiräume setzt, während Heuristiken autonome Lernprozesse unterstützen und stärken sollen.

Zum Themenbereich der gegenwärtigen Wirtschaftsphilosophie zählen schließlich auch *nachhaltige Unternehmenstheorien* und *alternative Wirtschaftsmodelle*. Auch wenn Fragen der nachhaltigen Unternehmensorganisation im engeren Sinn in die Betriebswirtschaftslehre fallen oder Debatten um die Grenzen des Wachstums in die Sozial- und Umweltwissenschaften gehören, gibt es eine Reihe von wirtschaftsphilosophisch relevanten Aspekten, die mit diesen Entwicklungen seit den 1970er Jahren zusammenhängen. Dazu gehören zum einen das veränderte Verständnis von Unternehmen als gesellschaftlich verantwortlichen Organisationen und zum anderen die Auseinandersetzung um veränderte Formen des Wirtschaftens und die Transformation des ökonomischen Systems.

Die Ansicht, dass privatwirtschaftliche Unternehmen über die Erwirtschaftung von Gewinnen hinaus eine besondere Verantwortung für gesellschaftliche Interessen besitzen, geht in den USA bis in die 1950er Jahre zurück, wurde aber in Europa erst ab den 1990er Jahren unter dem Begriff der Corporate Social Responsibility (CSR) zu einem breiteren Thema der Wirtschaftsethik und Wirtschaftspolitik. Die von der EU-Kommission vertretene Position lautet, dass Unternehmen die Verantwortung »für ihre Auswirkungen auf die Gesellschaft« (Europäische Kommission 2011: 7) tragen, weil sie als ökonomische Organisationen Teil der Gesellschaft sind, die ihnen die Erwirtschaftung von Gewinnen ermöglicht. Diese Position ist bis heute nicht unumstritten, da sie einerseits methodisch voraussetzt, dass Unternehmen als Organisationen zurechnungsfähige Träger von Verantwortung sind und andererseits normativ betrachtet jenseits ihrer ökonomischen Ziele zur Übernahme gesellschaftlicher Verantwortung verpflichtet sind (vgl. Heidbrink 2011). Die Aufgabe der Wirtschaftsphilosophie besteht darin, genauer zu klären, auf welchen ontologischen und epistemologischen Vorannahmen Konzepte wie CSR, Corporate Citizenship oder Corporate Sustainability beruhen und welche ethischen, sozialen und ökologischen Prämissen in diese Konzepte einfließen.

Diese Klärung gilt auch für die veränderte politische Rolle von Unternehmen, die durch die Globalisierung und die Grenzen des Nationalstaats öffentliche Aufgaben im Bereich der Sicherheit, Bildung und Gesundheit sowie des Schutzes von Menschenrechten und der Umwelt mit übernehmen. Durch Aktivitäten im Bereich des Public Private Partnership, die Mitwirkung an Verfahren der Normensetzung und die Kontrolle von Standards entlang globaler Wertschöpfungsketten sind Unternehmen zu Koproduzenten öffentlicher Leistungen geworden, die ursprünglich im Hoheitsgebiet des Staates lagen. Diese Formen der New

Governance sind für die Wirtschaftsphilosophie relevant, da sie Fragen der Zuständigkeit und Legitimität, aber auch der Kompetenz und Fähigkeit von Firmen und Konzernen für die Übernahme politischer Aufgaben aufwerfen (vgl. Heidbrink 2012).

Alternative Formen des Wirtschaftens werden spätestens seit dem Bericht des Club of Rome *Limits to Growth* von 1972 aus unterschiedlichen Perspektiven behandelt. Das Spektrum reicht von der ökosozialen Marktwirtschaft über die Green Economy und Sharing Economy bis zu Modellen des Degrowth sowie der Postwachstums- und Gemeinwohlökonomie. Bei allen Unterschieden verbindet diese Positionen die Vorstellung, dass das marktliberale und kapitalistische Wirtschaftssystem einer strukturellen Transformation bedarf, um problematische Konsequenzen wie steigenden Energieverbrauch, die Verknappung natürlicher Ressourcen, den Klimawandel, ungleichen Wohlstand, globale Armut und Krisen des Finanzsystems in den Griff zu bekommen.

Im Unterschied zur orthodoxen Wirtschaftswissenschaft, die unerwünschte Folgen globaler Produktions- und Konsumtionsketten auf endogene ökonomische Ursachen wie falsche Preissignale oder fehlenden Wettbewerb zurückführt, greifen alternative Wirtschaftstheorien auf erweiterte Erklärungsmodelle zurück, die auch nicht-ökonomische Faktoren mit einbeziehen. Bei der Analyse der Planetary Boundaries, der Entkoppelung von Ressourcenverbrauch und Wachstum, des Übergangs zu einer Steady State Economy oder der Umsetzung von Lebensstilen der Suffizienz und des Verzichts spielen danach soziale, kulturelle und moralische Determinanten eine Rolle, die sich mit neoklassischen Modellen nicht ohne Weiteres erfassen lassen, für die Verfassung der Wirtschaft am Anfang des 21. Jahrhunderts aber konstitutiv sind.

Es ist deutlich geworden, dass aus der Perspektive der Wirtschaftsphilosophie Faktoren in den Blick genommen werden, die dem ökonomischen System vorausliegen und es in seiner spezifischen Ausprägung beeinflussen. Dazu gehören, wie in diesem Kapitel gezeigt wurde, die ideengeschichtliche Herleitung mentaler Infrastrukturen, durch die wirtschaftliche Denk- und Lebensformen geprägt werden; die Untersuchung sozio-kultureller Faktoren, die Einfluss auf Produktionsprozesse und Konsumentscheidungen haben; die Analyse von Hindernissen der Verhaltensänderung durch kognitive Einschränkungen und der ontologische Status von Modellen und Idealtypen wie bei der Rede vom Homo oeconomicus.

Die wichtigsten Grundbegriffe und Rahmenbedingungen, die sich aus der beschriebenen Entwicklung für die Wirtschaftsphilosophie ergeben, werden im folgenden Kapitel beschrieben.

3. Grundbegriffe und Rahmenbedingungen der Wirtschaftsphilosophie

Ein zentraler Gegenstandsbereich der Wirtschaftsphilosophie liegt, wie eingangs erläutert, in der Auseinandersetzung mit Axiomen und Grundbegriffen der Ökonomik. Hierzu zählen insbesondere die Begriffe der Arbeit, des Geldes, des Kapitals und des Marktes. Die Dimensionen der Zeit, des Risikos und der Ungewissheit bilden weitere grundlegende begriffliche Herausforderungen für die Ökonomik und werden in diesem Kapitel ebenso aus einer wirtschaftsphilosophischen Perspektive behandelt wie die gängigen Vorstellungen von Wohlstand und Wachstum sowie die Hypothese der rationalen Erwartung und das darauf aufbauende Modell des Homo oeconomicus. Zudem befasst sich dieses Kapitel mit den gesellschaftlichen Rahmenbedingungen wirtschaftlichen Handelns, die eine wirtschaftsphilosophische Betrachtung zu berücksichtigen hat und zu der Wirtschaftsformen wie der Kapitalismus und der Sozialismus sowie das Verhältnis von Staat, Wirtschaft und Gesellschaft gehören.

3.1 Arbeit, Geld, Kapital und Markt

Die Begriffe Arbeit, Geld, Kapital und Markt sind ideengeschichtlich eng miteinander verbunden und werden heute meist in ihrem wechselseitigen Zusammenhang diskutiert, weil Arbeit etwa häufig mit Erwerbsarbeit gleichgesetzt wird, Kapital zumeist (auch) als Geldvermögen gedacht wird und beide auf Märkten getauscht werden. In der Philosophie wie in der politischen Ökonomie und (Wirtschafts-)Soziologie wurden und werden die Begriffe jedoch sehr unterschiedlich verwendet. Einige Autoren betrachten sie eher isoliert, während andere wie Adam Smith oder Karl Marx ganz explizit die Beziehungen von Arbeit zu Geld und Kapital herausgearbeitet haben.

Arbeit

Unter Arbeit lässt sich ganz allgemein menschliches Handeln im Sinne eines schöpferischen, zweckvollen Tuns verstehen (vgl. Grimstein et al. 2015: 9 f.). Arbeit kann körperlicher oder geistiger Art sein, stets ist jedoch der menschliche Körper daran beteiligt, bewusst ein materielles oder immaterielles Produkt hervorzubringen. Arbeit kann darüber hinaus aber auch als Resultat dieses produktiven Prozesses verstanden werden, also die (abgeschlossene) Arbeit im Sinne der Leistung oder des Werks. So beschreibt Hannah Arendt in ihrer Schrift *Vita activa oder Vom tätigen Leben* die Arbeit als Existenzsicherung des Menschen, indem diese der Aufrechterhaltung der biologischen Lebensfunktionen dient. Davon grenzt Arendt einen Begriff von Arbeit als Herstellung ab, die die eigentliche produktive, hervorbringende Handlung des Menschen darstellt und den Menschen zum *animal laborans* macht. Davon wiederum unterscheidet sie ein Handeln, das ein intersubjektiver, politischer Akt ist und in dem sich der Mensch in Gesellschaft erst hervorbringt (vgl. Arendt 1981). Im Folgenden soll vor allem der Prozesscharakter der Arbeit behandelt werden.

Ideengeschichtlich hat sich die Bedeutung der Arbeit im Lauf der Zeit stark gewandelt. In der Antike, etwa bei Homer, Aristoteles oder Xenophon, galten vor allem Tätigkeiten in der Landwirtschaft und im Handwerk als lebenserhaltende Arbeit. Die Vollbürger der Stadtstaaten waren ihrer nicht würdig, und sie wurde als ein notwendiges Übel angesehen, um die Lebensgrundlagen der Menschen und den Bestand der Polis zu sichern. Die körperliche und handwerkliche Arbeit widmet sich dem bloßen Gelderwerb und stellt nur ein Mittel zur Selbsterhaltung dar – der Verkauf von Arbeitskraft für Lohn galt entsprechend als Ehrlosigkeit. Wer viel arbeiten musste, hatte gesellschaftlich eine geringere Stellung oder war Sklave: Die Menschen können nicht Bürger werden, solange sie nicht »von der Ausübung lebensnotwendiger Arbeit befreit sind« (Aristoteles 2012: 1278a). Als ehrenwertere Beschäftigung galt hingegen die Ausübung von Ämtern in Politik, Militär oder Wissenschaft. Die entsprechenden Tätigkeiten waren mit einem höheren sozialen Status verbunden, wurden jedoch nicht als »Arbeit« im engeren Sinne klassifiziert. Ziel eines guten Lebens war es letztlich, sich nach Möglichkeit gänzlich von der Arbeit zu befreien und Freiräume zur Muße und Kontemplation zu gewinnen.

Das Christentum interpretierte Arbeit wesentlich als kollektive Sühneleistung für die mit der Erbsünde gegebene grundsätzliche Sündhaftigkeit des Menschen. Der aus dem Paradies vertriebene Mensch lebt unter der Strafe Gottes und muss die Dinge, die er zum Leben braucht, selbst erwerben – im Schweiße seines Angesichts verrichtet er seine Arbeit und isst sein Brot. Die Faulheit oder Trägheit hingegen war Zeichen einer Abkehr vom Willen Gottes und wurde zu einem schweren Laster bzw. zur Todsünde erklärt (vgl. Aßländer/Wagner 2017: 14 f.). Vor allem im Protestantismus bildet sich eine Arbeitsethik heraus, die Arbeit als strenge Pflicht und Mittelpunkt des Lebens sieht. Wie Max Weber (2010) in seiner Schrift *Die protestantische Ethik und der ›Geist‹ des Kapitalismus* herausgearbeitet hat, fasst vor allem der Calvinismus beruflichen Erfolg als Erwählungszeichen auf und versteht das aktive Arbeitsleben als besonders gottgefällige Lebensform (vgl. unten Kapitel 3.5).

Ganz maßgeblich verändert sich der Charakter der Arbeit im Zeitalter der Industrialisierung. In der arbeitsteiligen Produktion, die sich in den westlichen, kapitalistischen Gesellschaften infolge des technologischen Fortschritts entwickelt, macht etwa Marx die problematische Entwicklung aus, dass sich die Arbeitenden zunehmend von ihrer Arbeit entfremden und die Ausbeutung der Arbeiter verschärft wird (vgl. Marx 1968). In der Folge bildet sich eine Arbeiterklasse, die sich gegen die Kapitalisten organisiert und um ihre Rechte kämpfen muss.

In der Neuzeit wandelt sich die Bedeutung von Arbeit insgesamt, indem die Notwendigkeit der Arbeit nicht mehr individualethisch oder theologisch begründet wird, sondern die Arbeit als Wertquelle und gesellschaftlicher Wohlstandsfaktor betrachtet wird (vgl. unten Kapitel 3.3). Arbeit ist nun kein notwendiges Übel mehr, sondern es kommt ihr im Gegenteil eine politische und ökonomische Bedeutung zu, indem die Arbeitsproduktivität die Leistungsfähigkeit einer Nation bestimmt. Die neu entstehenden ökonomischen Theorien, wie sie z.B. Adam Smith und Karl Marx entwickeln, definieren Arbeit als Produktionsfaktor neben Kapital und Boden und betrachten die Gesamtarbeitsleistung einer Nation, deren Resultat ab den 1940er Jahren Bruttosozialprodukt heißt und seit 1999 als »Bruttonationaleinkommen« berechnet wird.

Entsprechend wird in der Neuzeit der Arbeitserfolg des Einzelnen mit dessen gesellschaftlichem Status verbunden. So gelten in der Leistungsgesellschaft nicht mehr die Herkunft oder der Stand als die entscheidenden Merkmale, die eine höhere gesellschaftliche Stellung begründen, sondern die Berufsarbeit und der finanzielle Erfolg werden zum Ausdruck individueller Fähigkeiten und zur legitimen Grundlage gesellschaftlicher Anerkennung. Immer mehr Menschen definieren sich über ihren beruflichen Erfolg, was freilich vor allem in Zeiten hoher Arbeitslosigkeit (wie beispielsweise im Zeitalter der Industrialisierung) zum Problem werden konnte, weil diejenigen, die keiner Arbeit nachgingen, zunehmend stigmatisiert wurden.

Die Moderne ist insgesamt von einer immer weiter zunehmenden Bedeutung der Arbeit geprägt, sodass heute von den modernen Gesellschaften als von Arbeits- bzw. Erwerbsgesellschaften gesprochen werden kann (vgl. Arendt 1981: 11). Regelmäßig zu arbeiten ist zum Normalzustand geworden, und soziale Zugehörigkeit sowie gesellschaftlicher Status sind weitestgehend von Arbeitsplatz und Einkommen abhängig.

Problematisch ist diese Entwicklung nicht zuletzt, weil Arbeitsplätze heute ein knappes Gut darstellen. In vielen Ländern herrscht ein Überangebot an Arbeitskräften (sprich Arbeitslosigkeit), und es ist wahrscheinlich, dass sich dies angesichts des voranschreitenden technologischen Fortschritts und weiterer Produktivitätssteigerungen nicht grundlegend ändern wird. Die zunehmende Digitalisierung wird diese Entwicklung aller Voraussicht nach sogar eher noch verschärfen (vgl. Eichhorst et al. 2016). Wie schon Karl Marx vorhergesehen hat und wie Hannah Arendt in *Vita Activa oder Vom tätigen Leben* treffend beschreibt, stehen westliche Gesellschaften vor der Herausforderung, wie mit dieser Entwicklung umgegangen werden soll: »Was uns bevorsteht, ist die Aussicht auf eine Arbeitsgesellschaft, der die Arbeit ausgegangen ist, also die einzige Tätigkeit, auf die sie sich noch versteht. Was könnte verhängnisvoller sein?« (Arendt 1981: 12)

Heute ist die Arbeitswelt einerseits von einer zunehmenden Flexibilisierung der Arbeitsverhältnisse (vgl. Sennett 2006) und der Herausbildung eines »unternehmerischen Selbst« (Bröckling

2007) geprägt, das sich mit globalen Marktzwängen und wettbewerblichem Leistungsdruck auseinandersetzen muss. Zugleich rufen die neuen Anforderungen jedoch auch eine sich zögerlich bemerkbar machende Abkehr von der Überhöhung des Berufslebens als eines Lebensinhalts hervor, der sämtliche Zeitressourcen der Arbeitenden beansprucht. Der Begriff der »Work-Life-Balance« etwa benennt den Versuch, ein anderes Gleichgewicht zwischen den Anforderungen des modernen Arbeitslebens und der Suche nach sinnerfüllenden Tätigkeiten herzustellen – das gute Leben, soziale Anerkennung und Lebenssinn werden wieder vermehrt in Familie, Freizeit oder Ehrenamt gesucht (vgl. Jäger/Röttgers 2008: 7–10).

Geld

Geld lässt sich zunächst in seiner funktionalen Rolle als ein gesellschaftlich anerkanntes *Zahlungs- und Tauschmittel* betrachten. Wurden Waren zunächst im Naturaltausch gegen andere Waren getauscht, so entwickelte sich in vielen Zivilisationen mit der Zeit ein Ersatzmittel, das anstelle von Waren getauscht werden konnte. Dieses Mittel durfte nicht verderben und sollte möglichst werterhaltend sein. Deshalb handelte es sich üblicherweise um begehrte und knappe Güter wie zum Beispiel seltene Muscheln oder besondere Steine. Diese Ersatzmittel entwickelten sich schließlich weiter zum Gewichts- und Münzgeld sowie später zum Papier- und Giralgeld, das als reines Buchgeld in der Form eines Bankguthabens besteht, und nehmen neuerdings als Bitcoin oder in Gestalt anderer digitaler Zahlungsmittel immer mehr die Form des sogenannten virtuellen Geldes an.

Wie beschrieben ist Geld zunächst in seiner ökonomischen Funktion als Tausch- und Zahlungsmittel bedeutsam. Es ist das liquideste Tauschmittel, seinen Wert erhält es indes nur durch allgemeine Anerkennung, durch Konvention oder gesetzliche Sicherung. Durch die Existenz von Geld kann Waren ein Preis beigemessen werden, was die Frage aufwirft, wie sich der Wert einer Sache durch Zahlen ausdrücken lässt. Bei Adam Smith findet sich erstmals eine Antwort auf diese Frage (siehe Kapitel 2.2 und 2.3): Smith unterscheidet zwei Kategorien des Werts einer Ware, einerseits den Gebrauchswert und andererseits ihren Tauschwert. Der Gebrauchswert ist derjenige Wert, der subjektiv beim Konsum oder Gebrauch einer Ware realisiert wird. Der Tauschwert hingegen ergibt sich für Smith aus dem Aufwand, d.h. der Arbeit, die erbracht werden muss, um ein Gut herzustellen oder zu bekommen (Smith 1978: Kapitel 5). Der Arbeitsaufwand zur Erstellung eines Gutes ergibt für Smith den realen Preis aller Güter und ist das wahre Maß für den Tauschwert: »Immer und überall ist das teuer, was schwer zu bekommen ist oder für das man viel Arbeit aufwenden muß. Umgekehrt ist das billig, was leicht oder mit nur wenig Arbeit zu haben ist. Arbeit allein ist somit der letzte und wirkliche Maßstab, nach dem der Wert aller Waren zu allen Zeiten und an allen Orten gemessen und verglichen werden kann, da sie sich niemals in ihrem Wert verändert.« (ebd.: 30 f.)

Smith verbindet also Wert und Arbeit und gilt als Begründer der *Arbeitswerttheorie*, die später Karl Marx weiter ausarbeiten wird. Die Arbeitswerttheorie nimmt an, dass die für ein Gut aufgebrachte Arbeit ein objektives Maß darstellt, mittels dessen der Wert des betreffenden Gutes bestimmt werden kann. Indem man mit Geld Waren kaufen kann, repräsentiert Geld sozusagen »geronnene« Arbeit. Die wirkmächtigste Kritik der Arbeitswerttheorie stammt aus der Neoklassik, die den Wert eines Gutes nicht durch die aufgewendete Arbeit, sondern durch den Grenznutzen, den ein Gut für den Käufer hat, definiert (siehe Kapitel 2.4). Damit ist nicht mehr die gesellschaftlich notwendige Arbeit, sondern die individuelle Bedürfnisbefriedigung maßgeblich für den Preis (vgl. Schumpeter 1965).

Über die funktionale Bedeutung des Geldes als Zirkulationsmittel hinaus besitzt Geld auch eine ethische und machttheoretische Dimension. Da Geld universell einsetzbar ist und man mehr davon besitzen kann, als zur Befriedigung sämtlicher individueller Bedürfnisse notwendig ist, stellt Geld über die Funktion als Tausch- und Zahlungsmittel hinaus auch ein Machtmittel dar: Wer über Geld verfügt, hat generell mehr Möglichkeiten als jemand, der über weniger Geld verfügt, weil er sich Waren und Freiräume kaufen kann, die andere nicht erwerben können. Die Akkumulation von Geld und Macht wirft ethische Fragen auf, wie sie in der Antike bei Platon und Aristoteles, in der Frühen Neuzeit bei Augustinus und in der Moderne etwa bei Simmel behandelt wurden.

So weist Aristoteles in seiner Kritik der Chrematistik den Erwerb großer Geldvermögen mit dem Argument zurück, dass Geld ein bloßes Mittel darstellt und nicht zum Selbstzweck, also zur Erwirtschaftung weiteren Geldes, etwa durch Zinskredite, akkumuliert werden darf (siehe Kapitel 2.1). In der Antike und im Mittelalter war die Geldkritik vor allem moralisch und religiös begründet, weil Geld die Tugendhaftigkeit nicht nur des Individuums, sondern ganzer Gesellschaften verderbe: Augustinus warnte beispielsweise vor einer inneren Verarmung derjenigen, die dem äußeren Reichtum zu viel Wert beimäßen (Augustinus 1955: 375 f.). Um diesen Gefahren entgegenzuwirken, wurden im Laufe der Geschichte unter anderem Handelsbeschränkungen, Geldbesitz- sowie Zinsverbote etabliert. Entsprechend waren bis in die Neuzeit die Berufe der Kaufleute, Händler oder Bankleute der Ächtung ausgesetzt, weil man diesen Berufsgruppen unterstellte, selbst nichts Produktives zu leisten und sich bloß mit der Vermehrung des Geldes zu befassen (vgl. Aßländer/Wagner 2017: 16 f.).

In der Moderne zeigt sich die Wirkmächtigkeit von Geld als gesellschaftlichem Produkt sehr deutlich, worauf vor allem Marx und später Simmel ihr systematisches Augenmerk gelenkt haben. Bei Marx verbindet sich die Geldkritik mit einer Kritik des Fetischcharakters des Geldes – wenn Geld also bloß des Geldes wegen akkumuliert und als reiner, magischer Selbstzweck verehrt wird (vgl. Marx 2013: 107). Simmel beschreibt in der *Philosophie des Geldes*, wie das Geld zunehmenden Einfluss auf alle Lebensbereiche gewinnt und die Anhäufung von immer mehr Geld zum Selbstzweck wird, sodass das Geld als neuer Götze angebetet wird und die Banken zu den neuen Tempeln macht, die über mehr Macht verfügen als die Kirchen (vgl. Simmel 2003). Mit dieser Kritik ist Simmels *Philosophie des Geldes* Teil einer philosophischen Kulturkritik, die sich gegen eine gesellschaftliche und kulturelle Dynamik wendet, innerhalb deren die Symbolizität des Geldes zu einer reinen Selbstreferenzialität gerinnt.

Eine weitere Dimension des Geldes, die wirtschaftsphilosophisch interessant ist, besteht damit in der Frage, wie es als Symbol, also zeichen- und werttheoretisch wirksam wird. Marx konnte zeigen, dass Geld im Gegensatz zu anderen Waren selbst keinerlei materiellen Gebrauchswert hat, sondern ihm lediglich ein auf gesellschaftlicher Konvention beruhender Tauschwert zukommt (vgl. Marx 2013; siehe auch Hénaff 2009). Auch bei Ferdinand Tönnies (1935/1988) findet sich eine Auseinandersetzung mit der Symbolik des Geldes und der gesellschaftlichen Verabredung, Geld als Tauschmittel Bedeutung und einen imaginären Wert zuzuschreiben. Geld allgemein, vor allem aber Papiergeld ist von sich aus wertlos und kann als Symbol nur aufgrund des gesellschaftlichen Glaubens an seinen Wert funktionieren – durch die Garantie einer Institution wie der Bank, die es ausgestellt hat, und eines Staates, der den zugrunde liegenden Wert garantiert. Auch die Luhmann'sche Systemtheorie thematisiert die

Rolle des Geldes als abstraktes Symbol, geht aber über die beschriebene Symbolfunktion des Geldes hinaus und versteht es als »symbolisch generalisiertes Kommunikationsmedium«. Geld wird hier als Medium des sozialen Systems Wirtschaft verstanden, durch das dieses operiert (vgl. Luhmann 1994).

Kapital

Mit der Institutionalisierung des Geldes und aufgrund der Tatsache, dass Geld in seinen meisten Erscheinungsformen nicht verderben kann, wurde auch die Akkumulation von Geld möglich. Da Geld im Normalfall seinen Wert weitestgehend erhält, ist seine Thesaurierung, also das Ansammeln von Geldkapital möglich. Kapital umfasst jedoch nicht nur Geldvermögen, sondern ganz allgemein diejenigen Vermögenswerte, die von Menschen auf einem Markt besessen und ausgetauscht werden können. Dies beinhaltet die Gesamtheit des Immobilienkapitals (wie Grundstücke und Häuser), gewerbliches Kapital (Gebäude, Ausrüstungen, Maschinen etc.) sowie das Geldkapital. Neben diesen Formen des physischen Kapitals tritt Kapital auch als »immaterielles Kapital« auf, das beispielsweise Patente und anderes geistiges Eigentum umfasst. Kapital wird häufig mit »Vermögen« gleichgesetzt und kann sowohl in der Hand von Privatpersonen sein, als auch der öffentlichen Hand, also dem Staat, gehören. Alle diese Kapitalarten können grundsätzlich zwei Funktionen haben: Sie dienen entweder als Wertreserve oder als Produktionsfaktor.

Das Kapital im letzteren Sinne bildet in der klassischen Ökonomik den dritten Produktionsfaktor neben Arbeit und Boden (Gutenberg 1951: 3f.). Der Kapitalbegriff im Sinne der Produktionsfaktoren erfährt aktuell eine Erweiterung, da nun auch Wissen in Form des »Humankapitals« als Produktionsfaktor bezeichnet wird (vgl. Katenkamp 2003: 19). Danach sind die Mitarbeiter einer Firma ebenfalls ein Produktionsmittel, das langfristige Investments erfordert, schwer zu übertragen ist und grundsätzlich eine der wichtigsten Ressourcen für Unternehmen darstellt. Mit Blick auf die Eigentumsverhältnisse scheinen eine solche Erweiterung des Kapitalbegriffs und die Übertragung auf Humanressourcen jedoch fragwürdig, da Mitarbeiter schließlich niemandes Besitz sind.

Ähnlich wie der Geldbesitz stehen auch der Besitz und Tausch von Kapital für ein bestimmtes Sozialverhältnis, haben also gesellschaftliche Bedeutung. Es war ebenfalls Karl Marx, der in seinem Werk *Das Kapital* das Verhältnis von Kapital und Arbeit analysiert und die sozialen Folgen des ungleichen Besitzes von und Zugang zu Kapital behandelt hat. Nach Marx wird Kapital nicht zum Konsum verwendet, sondern investiert, um eine höhere Summe in Form der Kapitalrendite zurückzuerhalten. Der Kapitalbesitzer greift dabei auf die Arbeitskraft des Arbeiters zurück, zahlt diesem jedoch nur einen Teil des entstehenden Werts als Arbeitslohn aus. Den übrigen Wert behält der Kapitalist als Mehrwert (vgl. auch oben die Darstellung der Arbeitswertlehre). In diesem Prozess, der vor allem dann stattfindet, wenn die Investition für den Kapitalisten ertragreich ist, er also mehr erhält, als er investiert, wird das Vermögen des Kapitalisten notwendigerweise ansteigen und auf längere Sicht zu einer nahezu unbegrenzten Akkumulation des Kapitals in den Händen einiger weniger Kapitalisten führen (vgl. Marx 2013: Kapitel 23). Für Marx bestand der einzige Weg, der aus dieser Entwicklung herausführen könne, im Aufbegehren der Arbeiterklasse und der Vergemeinschaftung der Produktionsmittel im Kommunismus.

Auch wenn diese Vision von Marx sich im Lauf der Geschichte nicht erfüllt hat, was vor allem an weiteren technologischen Fortschritten und dem Niedergang des realen Sozialismus liegt, ist heute die Ungleichverteilung von Kapital weiterhin ein bedeutsames Thema. So warnt der französische Ökonom Thomas Piketty davor, dass seit einigen Jahrzehnten die Akkumulation von Kapital in den Händen einiger Weniger sowohl national wie auch global betrachtet wieder deutlich zugenommen habe. Ähnlich wie Marx zeichnet er nach, wie Kapital ohne eigene Arbeit mittels Spekulation neues Kapital generiert. Problematisch dabei ist nach Piketty, dass die Kapitalrendite seit Jahrzehnten größer ist als das Wirtschaftswachstum. Das bedeutet, dass diejenigen, die schon über Kapital verfügen oder Kapital erben werden, schneller reicher werden als der Rest der Bevölkerung, dessen Vermögen sich aus Arbeit speist und der keine Kapitalrenditen erwirtschaften kann. Piketty bringt dies auf die simple Formel $r > g$ (r = Kapitalrendite; g = Wirtschaftswachstum) und fordert wirtschafts- und sozialpolitische Maßnahmen, um dieser Entwicklung Einhalt zu gebieten (vgl. Piketty 2014).

Über die ökonomische Wissenschaft hinaus hat der Begriff des Kapitals theoretische Erweiterungen erfahren, die vor allem auf die Kultursoziologie von Pierre Bourdieu (1983) zurückgehen. Der Austausch von Kapital findet dem französischen Soziologen zufolge in vielfältigen Formen statt und muss nicht zwangsläufig auf den Austausch von Geld oder Waren beschränkt bleiben. Für Bourdieu ist Kapital eine generelle Ressource, die Menschen einsetzen können, um ihre Ziele zu erreichen. Er entwickelt eine Theorie verschiedener sozialer Felder, in denen jeweils eine bestimmte Art von Kapital zählt: So unterscheidet Bourdieu zwischen ökonomischem Kapital (ganz im Sinne der hier bisher verwendeten Definition), kulturellem Kapital (vor allem Bildung), sozialem Kapital (etwa die Zugehörigkeit zu einer Gruppe oder Elite) und symbolischem Kapital (wie Prestige oder Renommee).

Markt

Die klassische Wirtschaftstheorie bezeichnet als Markt (sowohl physisch wie auch konzeptionell) das Geschehen, bei dem Angebot und Nachfrage aufeinandertreffen, also ein Tausch zustande kommt. Der Tausch gilt als Beziehung zwischen einem Käufer und einem Verkäufer, die Güter im weitesten Sinne (etwa Waren, Arbeit, Dienste oder Ressourcen) anbieten oder nachfragen (vgl. Weber 1980: 382–385). Der Markt hat die Rolle eines Koordinationsmechanismus, da sich über ihn Marktpreise bilden, der Markt geräumt wird und Güter verteilt werden. Weiterhin sorgt der auf dem Markt herrschende Wettbewerb für eine effiziente Allokation der Güter sowie für Innovationen (vgl. Samuelson/Nordhaus 1987: 88). Die dieser Marktidee entsprechende Wirtschaftsform ist die Marktwirtschaft, die darüber hinaus auf freien Preisen, Privateigentum und Vertragsfreiheit basiert (vgl. unten Kapitel 3.5). Die Theorie unterscheidet verschiedene Marktformen, die je nach Anzahl von Anbietern oder Nachfragern differieren: ein Polypol, wo es eine Vielzahl von Anbietern bzw. Nachfragern gibt, ein Oligopol mit einigen wenigen Akteuren auf einer der beiden Seiten und ein Monopol mit bloß einem Anbieter oder Nachfrager (vgl. Eucken 1990: 22).

Wie in Kapitel 2.3 beschrieben, entwickelt sich die zentrale Position des Marktes für das ökonomische Denken im Zuge der schottischen Aufklärung mit Hume und Smith. Der Markt tritt hier aus dem Schatten der aristotelischen Tradition heraus, wird theoretisch integriert und aufgrund seines Wohlfahrtseffekts neu legitimiert (vgl. Priddat 2018: 175). Der sich nun entwickelnden Idealtheorie des Marktes liegt die allgemeine Gleichgewichtstheorie zugrunde: Sie postuliert, dass der perfekte Markt ein sich selbst steuerndes System ist, bei dem das jeweils nutzenmaximierende Verhalten der Marktteilnehmer zu einem natürlichen

Gleichgewicht zwischen Angebot und Nachfrage auf allen Teilmärkten und dadurch zu einem optimalen Gesamtnutzen führt. Theoretisch bedeutsam ist, dass der Tausch annahmegemäß auf einem Markt freiwillig stattfindet und für beide Seiten vorteilhaft ist, da er ansonsten nicht stattfinden würde (vgl. Brennan/Buchanan 1985). Wichtig ist auch, dass auf (idealisierten) Märkten als alleiniges Verteilungskriterium die Zahlungsfähigkeit gilt (und nicht etwa andere Kriterien wie Bedürftigkeit).

In der Wirtschaftsphilosophie kommt den Fragen, was der Markt sei und wie viel Markt wo herrschen soll, eine wichtige Rolle zu. Ein Augenmerk gilt dabei der Frage, ob »dem Markt« als Abstraktion, die er ist, eine Art Richterfunktion zugeschrieben werden soll, indem er (als vermeintlich neutraler Mechanismus) »die Wahrheit« (Priddat 2018: 187) sagt und über Wohl und Wehe nicht nur von Investitionen, sondern auch von guter oder schlechter (Wirtschafts-)Politik entscheidet. Ein weiterer Forschungsgegenstand liegt in der Kritik der »Ökonomisierung«, also der umfassenden Ausbreitung der Marktlogik auf andere gesellschaftliche Bereiche (vgl. Walzer 1992; Sandel 2012). Die Logik der utilitaristischen Gemeinwohlmaximierung kennt inhärent zunächst keine Grenze des Marktes, denn entsprechend der normativen Verwendung der Gleichgewichtstheorie muss »mehr Markt« vom ökonomischen Standpunkt immer als gerechtfertigt erscheinen (vgl. Ulrich 2016: 195). Unter dieser Voraussetzung lassen sich auch die Politik als Markt von Wählerstimmen, das Gesundheits- und Bildungswesen, Partner- und Freundschaften und letztlich jeder Bereich menschlicher Interaktion aus der Perspektive der Tauschlogik des Marktes betrachten und werden dadurch entsprechend ökonomisch »kolonialisiert« (vgl. Thielemann 2010: 439). Um dieser Entwicklung hin zum »Prinzip Markt«, die den vorteilsbasierten Tausch zum universellen Moralprinzip erhebt, entgegenzuwirken, müssen diese Tendenz einer umgreifenden Wettbewerbslogik einerseits philosophisch analysiert und Märkte zudem wirtschaftspolitisch eingehegt und begrenzt werden (vgl. Thielemann 2009).

3.2 Zeit, Risiko, Ungewissheit

Zeit

Um das Problem der Zeit in seiner Bedeutung für die Wirtschaftsphilosophie angemessen zu erfassen, bietet sich zunächst eine Auffächerung dieses Begriffs in die Kategorien der objektiven und der subjektiven Zeit an. Unter objektiver Zeit lässt sich die durch Zeiteinheiten quantifizierte Zeit verstehen, die von einem bestimmten Anfangspunkt bis zu einem bestimmten Endpunkt durch einen Zeitstrahl »messbar« gemacht werden kann und einen intersubjektiv nachvollziehbaren Strukturrahmen für wirtschaftliche Abläufe bietet (Rauen 2017: 60 f.). So bestimmt der Blick auf die Uhr den passenden Zeitpunkt für Transaktionen, die Zeitknappheit erzwingt das Nachdenken über Effizienz, und der Gang zur Stempeluhr beginnt und beendet das Tagesgeschäft. Die Überbrückung von intersubjektiv nachvollziehbaren Zeiträumen, beispielsweise durch den Tausch, erfordert nicht zuletzt auch ein möglichst zeitresistentes Tauschmedium wie das Geld (Beck 1986; Derpmann 2016; Shackle 1990).

Zugleich liegt der quantifizierten Zeit noch ein anderes Zeitverständnis zugrunde, das wirtschaftsphilosophische Diskurse über Risiko und Ungewissheit, aber auch über Präferenzen, Schulden und Kredit wie ein roter Faden durchzieht. Es handelt sich um die sogenannte subjektiv erlebte Zeit, die, zurückgehend auf Augustinus' *Confessiones* (2007: 281 ff.), als durch die Bewusstseinsakte der Erinnerung und Erwartung hervorgebracht und als eine Leistung des Bewusstseins vorgestellt wird (Husserl 2000: 413). Die subjektiv erlebte Zeit ist der quantifizierten Zeit, die sich in Zeiteinheiten einteilen, berechnen und rationalisieren lässt, vorgängig (Blumenberg 1986: 88 f.); sie eröffnet eine Zeitdimension für wirtschaftliche Prozesse und für die Erwartung der Zukunft, die Ausbildung von Präferenzen, den Umgang mit Risiko und Ungewissheit. In der wirtschaftsphilosophischen Auseinandersetzung mit dem Problem der Zeit geht es deshalb vor allem um eine angemessene Balance zwischen der Berücksichtigung subjektiver und objektiver Zeit im Horizont ökonomischer Produktions- und Arbeitsprozesse.

Im Unterschied zu Adam Smith, der die Zeitersparnis durch Arbeitsteilung als positiven Faktor der Produktivität herausstellt (Smith 1978), ist insbesondere für Marx die Quantifizierung und in ihrer Konsequenz die Ökonomisierung der Zeit ein Kristallisationspunkt seiner Kapitalismuskritik (Marx 2013). So sieht Marx in der Ausweitung des Arbeitstages auf Kosten der privat verfügbaren Zeit ein wesentliches Merkmal der Ausbeutung im Rahmen fortschreitender Effizienzsteigerung durch die Industrialisierung (Marx 2013: 245). Der Arbeitstag, der durch eine Verringerung von Pausen- und Ruhezeiten und eine Fragmentierung in Schichtzeiten gekennzeichnet ist, bildet für Marx ein zentrales Beispiel dafür, dass die zeitliche Effizienzsteigerung zu Lasten der subjektiven Zeitverfügung und des Schutzes der Privat- und Sozialsphäre geht.

Für Marx besteht ein wesentliches Merkmal der Zeit zudem in der Möglichkeit der Planung und Berechnung der Zukunft, womit er einen wichtigen Grundstein für ein Verständnis der Arbeit legt, die auf einen antizipierten Zukunftshorizont bezogen ist. So sind es die Erwartung der Zukunft und die Fähigkeit zur Planung komplexer Arbeitsabläufe, die Marx als wesentliche Unterscheidungsmerkmale zwischen menschlicher Arbeit und den Aktivitäten von Tieren unterscheidet: »Was aber von vornherein den schlechtesten Baumeister vor der besten Biene auszeichnet, ist, daß er die Zelle in seinem Kopf gebaut hat, bevor er sie in Wachs baut.« (Marx 2013: 193)

Der Bezug auf die Zukunft durch einen futurischen Erwartungshorizont verleiht der Arbeit erst die Dynamik der Produktivität. Durch die Knappheit der Lebenszeit sieht sich der Mensch gezwungen, diese besonders effizient zu nutzen und seine begrenzte Lebenszeit durch Produktivität und die Akkumulation von Kapital zu transzendieren. Auf diese Weise lassen sich kapitalistische Maximen der Effizienz, der Produktivität und der Gewinnsteigerung auch durch säkularisierte religiöse Motive erklären. So analysiert Max Weber die quasi-religiöse Struktur des Kapitalismus anhand der besonderen Beziehung, die zwischen dem Wert des Geldes und der Knappheit der Zeit besteht. Weber sieht in dem Diktum Benjamin Franklins »Vergiss nicht, dass Zeit Geld ist« (Franklin 1819) einen zentralen Beleg für die konstitutive Verwobenheit des Kapitalismus mit der protestantischen Ethik der innerweltlichen Askese (vgl. Weber 2009: 7 f.); ein Aspekt, der insbesondere von Walter Benjamin wieder aufgegriffen wird, der die Verbindung von Religion und Kapitalismus auf die ökonomische Verschuldungsdynamik zurückführt: »Der Kapitalismus ist vermutlich der erste Fall eines nicht entsühnenden, sondern verschuldenden Kultus. [...] Ein ungeheures Schuldbewusstsein, das sich nicht zu entsühnen weiß, greift zum Kultus, um in ihm diese Schuld nicht zu sühnen, sondern universal zu machen.« (Benjamin 2003: 15 f.)

Sowohl Schuld als auch Schulden sind somit zeitliche Kategorien, die sich aus der Kausalität der Vergangenheit und einem linearen Zeitverständnis ergeben, innerhalb dessen jeder Moment, der entsteht, die Ursache für das Vergehen des gegenwärtigen Moments bildet. Diese Idee der Schuldkausalität findet ihre Anfänge bereits in der Philosophie des frühen Griechentums, insbesondere in einem Fragment des Anaximander: »Woraus aber das Werden ist den seienden Dingen, in das hinein geschieht auch ihr Vergehen nach der Schuldigkeit; denn sie zahlen einander gerechte Strafe und Buße für ihre Ungerechtigkeit nach der Zeit Anordnung.« (Anaximander 2004: 89) Der bereits in Anaximanders Fragment aufscheinende Gedanke einer Verschränkung zwischen Zeit und Schuld wurde im späten 19. und frühen 20. Jahrhundert durch Friedrich Nietzsche (1999a, 1999c, 1999d), Hermann Cohen (1966), Max Weber (2010) und Walter Benjamin (2003) aufgegriffen (vgl. Hamacher 2003: 77 ff.). So hebt Nietzsche im Hinblick auf die christlich geprägte Vorstellung von Moral hervor, dass moralische Schuld und ökonomische Schulden nicht vollständig voneinander trennbar sind, da sie ihren gemeinsam Ursprung in einer kontinuierlich ablaufenden und in rechnerische Einheiten gefassten Zeit und der aus ihr entspringenden Kausalstruktur haben (siehe auch unten Kapitel 4.1).

Die von Weber und Benjamin als Heilserwartung aufgefasste Zukunftsbezüglichkeit basiert auf einer Projektion vergangener Kausalität auf die Zukunft, d.h. auf einer Abbildung bereits vergangener Erfahrungen auf zukünftige Möglichkeiten. Die Erwartung der Zukunft und das Bestreben, die Knappheit der subjektiven Lebenszeit durch Produktion und Akkumulation zu transzendieren, führen im Verlauf des 20. Jahrhunderts zu einer Forcierung der Erwartung durch kommerzielle Wunscherfüllungstechniken und einer sich ständig beschleunigenden Konsumgesellschaft (Lücke 2000: 53; Rosa 2005). So beschreibt Hans Blumenberg die gedrängte Zeitvorstellung, innerhalb derer zukünftige Möglichkeiten sich realisieren sollen, als eine »pathologische« Zeit (vgl. Blumenberg 1986: 73). Die Pathologie der Zeit besteht für ihn in der Vorstellung, innerhalb der begrenzten Lebenszeit eine möglichst große Zahl an Zielen erfüllen zu müssen und so die zur Verfügung stehende Lebenszeit möglichst effizient zu nutzen. Auf bezeichnende Weise spricht Blumenberg von der »Zeit im Erlebnispark« und stellt damit eine Beziehung zu der an Zeitnot krankenden Konsumgesellschaft her, innerhalb derer eine Übereinstimmung zwischen der endlichen Lebenszeit und der durch eine unendliche Fülle an Möglichkeiten gekennzeichneten Weltzeit hergestellt werden soll. Die Gedanken einer gänzlichen Rationalisierung von Zeit und einer Berechenbarkeit der Zukunft werden durch Blumenberg also polemisch in eine Kritik der modernen Konsumgesellschaft überführt.

Risiko

In der Wirtschaftsphilosophie spielt jedoch nicht nur die Kritik der ökonomischen Zukunftsberechnung und der Beschleunigung der Konsumgesellschaft eine Rolle, sondern auch der Umgang mit zukünftigen Risiken und Ungewissheit. Aus der oben beschriebenen Projektion vergangener Erfahrungen auf die Zukunft ergibt sich eine Umkehrung von Kausalität, indem Ursachen, die in der vergangenen Erfahrung bestimmte Wirkungen hervorgebracht haben, in die Zukunft projiziert und auf diese Weise als zukünftige Gründe für gegenwärtige Handlungen und Wirkungen antizipiert werden (Husserl 2000: 385 ff., 413 f.). Dieser Vorgang ist für die Berechnung zukünftiger Risiken relevant, indem hierbei eine ursprüngliche Bewusstseinsleistung, die konstitutiv für die subjektiv erlebte Zeit ist, in eine objektive Zeit des quantitativ erfassbaren Zusammenhangs zwischen vergangener Erfahrung und zukünftigem Risiko übertragen wird (Knight 1964: 201). Aus dieser Übertragung ergibt sich eine Spannung zwischen der Vorhersehbarkeit der Zukunft – es gibt Risiken, die richtig vorhergesehen werden, und es ist unumgänglich, aus vergangenen Erfahrungen zu lernen und diese Lernprozesse in Erwägungen über zukünftige Risiken einzubeziehen – und einer niemals vollständig auszuschließenden Ungewissheit der Zukunft (vgl. Beckert 2018; Priddat 2016: 83). Problematisch wird diese Spannung insbesondere dann, wenn der Glaube an eine vollständige Berechenbarkeit von Risiken zu stark wird.

Ein Beispiel für das Risiko, das durch ein zu großes Vertrauen in die Berechenbarkeit von Risiken hervorgerufen wird, ist der Umgang mit Krediten und Zeitdiskontierung, insofern diese auf der Annahme basieren, dass auf jede mögliche Verlaufsform der Zukunft mit zweckrationalen Mitteln reagiert werden könne (vgl. Esposito 2017: 121). So erzeugt die Zeitdiskontierung den Anschein einer Objektivierung subjektiv antizipierter Zeit und der Übersetzbarkeit subjektiver Präferenzen in ein quantitatives Zeitschema. Stark vereinfacht gesagt, bezieht sich die Zeitdiskontierung auf das Risiko, das derjenige, der etwas verleiht, eingeht, indem er eine Zeit lang auf dessen Nutzung verzichtet. Dieses Risiko besteht darin, das Verliehene nicht oder nicht vollständig zurückzuerhalten. Der zwischen den Tauschpartnern frei verhandelte Ausgleich für den Verzicht und das damit verbundene Risiko ist der Zins, der jede beliebige Form annehmen kann (etwa kein Zins, negativer Zins, Festbetrag, Miete oder Sachwert).

Unter den Bedingungen der Geldwirtschaft nimmt der Zins in der Regel die Form eines sowohl mit der Zeit als auch der Höhe des verliehenen Geldbetrags zeitlich *linear* wachsenden Teil-Geldbetrags an (das wäre der Zinssatz von x Prozent des verliehenen Geldbetrags pro Zeiteinheit y). Zwar wachsen die Kreditschulden unter Einbeziehung des Zinseszinses nicht linear, sondern exponentiell, doch entsteht dieser Effekt aus der Kombination der beiden linearen Komponenten des Zinssatzes und der Zeit bei Anwendung des Zinseszinses (als Wiederholung von Zeiteinheiten, in denen der Zinssatz angewandt wird). Die beteiligten Individuen machen sich also in aller Regel von Zeit und

Risiko ein lineares, zeitlich stringentes Modell (und sind oftmals durch das im Ergebnis exponentielle Verhalten überrascht).

Mit der Quantifizierung von Tauschwerten durch Geldbeträge werden somit auch Zeit und Risiko quantifiziert (Derpmann 2014; 2016). Das führt zu Erwartungen hinsichtlich des Verhaltens beim anderen Tauschpartner, die als rational wahrgenommen werden, *weil* sie quantifiziert sind. Da sicheres Geld rational gesehen besser ist als risikobehaftetes, unterliegen als rational vorgestellte Individuen einer Zeitpräferenz, die den Wert eines Geldbetrags umso höher einschätzt, je früher in der Zeit er zur Verfügung steht. Der Zins bildet diesen Zeitbezug quantifiziert ab, indem er späteres Geld aufwertet und so einen Ausgleich für den temporären Verzicht schafft.

So wie der Zins die Vorausberechnung des (Tausch-)Werts eines Geldbetrags in die Zukunft erlaubt (Askontierung), erlaubt er auch eine Rückberechnung des Werts aus der Zukunft in die Gegenwart bzw. aus der Gegenwart in die Vergangenheit (Diskontierung), da die verwendeten Modelle einfach genug sind, um *zeitsymmetrisch* zu sein. Für komplexere, nicht-lineare Modelle wäre die Zeitsymmetrie nicht unbedingt erfüllt, allerdings ist die Zeitsymmetrie keine Voraussetzung für das Vorkommen von Zeitpräferenz, sondern nur eine Eigenschaft des in aller Regel verwendeten Modells von Zins und Zeitpräferenz.

Die relative Verständlichkeit und praktische Anwendbarkeit solcher Rationalitätsmodelle führen zu ihrer weiten Verbreitung, wodurch generelle Erwartungen der Modellierbarkeit rationalen Handelns entstehen, die in komplexen Systemen, in denen sich nicht-lineare Effekte und kumulative Rück- oder Querbeziehungen ergeben, allerdings nicht mehr ohne Weiteres erfüllbar sind (Bühl 1998). Dies gilt insbesondere für die Modellierung von Risiken, da die Zahl der denkbaren Risikofaktoren beliebig hoch ist und diese Faktoren zudem auf vielfältige und komplexe Weise zusammenhängen können (Renn 2014: 328 ff.). Nach der Finanzkrise 2008/2009 wurden Probleme der Zeit, des Risikos und der Ungewissheit zu zentralen Themen der Wirtschaftsphilosophie, weil die Anwendung konventioneller Risikomodelle auf komplexe Finanzinstrumente im amerikanischen Immobilienmarkt eine der Hauptursachen für das Zustandekommen der Krise gebildet hatte (Silver 2012; Taleb 2008). Vor dem Hintergrund dieser Wirtschaftskrise liegt eine Änderung des Umgangs mit zukünftigen Risiken und Krisen nahe, da eine rechnerisch-lineare Auffassung der Zeit nicht geeignet ist, um zukünftige Entwicklungen adäquat zu erfassen und gänzlich unvorhersehbare Ereignisse einzubeziehen (Koehn 2017).

Ungewissheit

Die Idee, dass die Zukunft nicht nur durch die Antizipation und Berechnung zukünftiger Risiken, sondern auch durch eine niemals vollständig reduzierbare Ungewissheit von Ereignissen geprägt ist, wurde in der Wirtschaftsphilosophie bereits seit den 1920er Jahren diskutiert. So hat der US-amerikanische Ökonom Frank Knight gezeigt, dass die Komplexität ungewisser Entscheidungssituationen nicht vollständig durch die Berechnung von Risiken abgebildet werden kann, weshalb es erforderlich ist, zwischen »Risk« und »Uncertainty« zu unterscheiden (vgl. Knight 1964: 197 ff.). Nach Knight müssen die Singularität von Entscheidungssituationen und die Komplexität des Zusammenwirkens kollektiver Akteure nicht nur durch Risikoberechnung, sondern auch durch Intuition erfasst werden. Die Zukunft, so lässt sich auch aus den oben erwähnten philosophischen Zeittheorien von Husserl und Blumenberg ableiten, beinhaltet die Möglichkeit eines gänzlich unerwarteten Hereinbrechens von Ereignissen, die retrospektiv betrachtet nicht der Gegenstand vorheriger Erwartungen waren. Entsprechend betrachtet der englische Wirtschaftswissenschaftler George L. S. Shackle die Offenheit der Zukunft als jene grundlegende Dimension der Zeit, die für jede Form von Kreativität und Profit die Grundlage bildet (Shackle 1990).

Aus zeittheoretischer Sicht spielen die Kritik der Hypothese der rationalen Erwartung (Machemer 2013) sowie der Begriff des Ereignisses (Derrida 1993) für die Wirtschaftsphilosophie eine wichtige Rolle, weil hier zeitliche Kategorien im Vordergrund stehen, die sich prospektiv in keinen stringenten Erwartungszusammenhang einordnen lassen. So haben sich Elena Esposito, Nassim N. Taleb und Birger P. Priddat mit der Rückführung ökonomischer Begriffe wie Präferenz, Kredit oder Risiko auf die Hypothese der rationalen Erwartung befasst und alternative Modelle der zeitlichen Kategorialisierung von Zukunft vorgeschlagen. Taleb verwendet das Bild des sogenannten »schwarzen Schwans« (Taleb 2008), um diejenigen Phänomene zu beschreiben, die mit den üblichen Kategorien der Erkenntnis und innerhalb eines quantitativen Zeitschemas nicht erfasst werden können. Es handelt sich dabei um Phänomene, die aller Wahrscheinlichkeit zum Trotz auftauchen und die gegebenen Erfahrungszusammenhänge unterlaufen. Der »schwarze Schwan« steht für das Einbrechen von Ereignissen, die nicht prospektiv zum Gegenstand begrifflicher Reflexion innerhalb eines Erkenntnisprozesses gemacht werden können (Taleb 2008: 10). Priddat betont demgegenüber die Bedeutung des Umgangs mit »multiplen« Zukünften. Ihm geht es um die Erfassung der antizipierten und auf Wahrscheinlichkeitserwägungen beruhenden Zukunft als einer Form der Narration und literarischen Fiktion (Priddat 2016). Esposito behandelt die Performanz und Zirkularität von Zukunftsprognosen als selbsterfüllende Prophezeiungen, die eine Manipulation zukünftiger Entwicklungen ermöglichen und aus denen sich Mittel der ökonomischen Ausbeutung machen lassen (Esposito 2017).

Die auf diese Weise in den Blick geratene Ungewissheit der Zukunft wirft die Frage auf, wie eine Offenheit für die »schwarzen Schwäne« gestaltet werden kann, ohne dabei in die herkömmlichen Verfahren der Suggestion von Sicherheit und der Quantifizierung von Risiken zurückzufallen. Der Rekurs auf alternative Formen des Zukunftsbezugs, wie er beispielsweise durch den Rückgriff auf Intuitionen oder die Verwendung von Heuristiken (Gigerenzer/Todd 2000) stattfindet, bietet dazu eine Möglichkeit. Darüber hinaus gibt es wirtschaftsphilosophisch relevante Ansätze, die auf eine fundamentale zeitphilosophische Reflexion des Ereignisbegriffs abheben. Eine entsprechende Diskussion von nicht-quantitativer Zeit und Ereignishaftigkeit findet insbesondere im französischen Poststrukturalismus statt (siehe auch unten Kapitel 5.3). So hat Jacques Derrida den Begriff des Ereignisses, das sich einer retrospektiven Rekonstruktion verdankt und niemals Gegenstand einer Antizipation werden kann, zum Thema seiner Theorie der Gabe gemacht. Die Gabe bedeutet für Derrida kein intentional gegebenes Geschenk oder eine Form der Geldzuwendung innerhalb eines Tauschgeschäfts. Sie bezeichnet vielmehr den Ursprung eines jeden Tauschakts als Ereignis seiner ursprünglichen Initiierung (Derrida 1993). In diesem Sinne lässt sich das Geld als zeitliches Überbrückungsmedium verstehen, das sowohl Ausdruck unsicherer Transaktionen ist, als auch dem Bestreben nach Stabilität durch ein zeitresistentes Tauschmittel entspricht. Da das Geld den ursprünglichen Grund seiner Entstehung, die irreduzible Ungewissheit bei Tauschgeschäften, niemals gänzlich abstreifen kann, spricht Derrida vom »Falschgeld« (ebd.: 112, 116), das die Ereignishaftigkeit seiner Ungewissheit zugleich verdeckt und als symbolisches Zahlungsmittel offenlegt.

In der Verweisungsstruktur des Geldes als eines Mediums der zeitlichen Überbrückung bleibt der Unterschied zwischen Risiko und Ungewissheit sichtbar, der ein zentrales Thema der Wirtschaftsphilosophie bildet. So beschreibt Ulrich Beck das Geld als ein Mittel der riskanten Überdeckung von Ungewissheit und des Aufschubs von Entscheidungen über zukünftige Bedürfnisse und sieht darin ein gravierendes Merkmal der »Risikogesellschaft« (Beck 1986). In ähnlicher Weise betont Shackle die Funktion des Geldes als eines Mittels zur Vortäuschung von Sicherheit und als »medium of deferment and of search« (Shackle 1990: 213).

3.3 Wohlstand und Wachstum

Zwei Grundprobleme, mit denen sich die Wirtschaftswissenschaft befasst, sind Knappheit und Wachstum: Da nicht alle Güter allen Menschen unbegrenzt zur Verfügung stehen können und Menschen unterschiedliche Bedürfnisse nach verschiedenen Gütern haben, scheint es notwendig, effizient mit Ressourcen umzugehen und über Mechanismen einer Güterproduktion und -verteilung zur bestmöglichen Bedürfnisbefriedigung nachzudenken. Das Wachstum bildet angesichts der Knappheit ein Problem, da es einerseits eine zunehmende quantitative oder qualitative Nutzung knapper Ressourcen im Rahmen der steigenden Wirtschaftsleistung eines Landes in einem bestimmten Zeitverlauf erfordert, andererseits aber auch die Steigerung des wirtschaftlichen Wohlstands bewirken soll.

Wohlstand

Eine Versorgung mit Gütern, die über das Lebensnotwendige hinausgeht, bzw. das verfügbare Vermögen von Haushalten oder auch Nationen wird als Wohlstand bezeichnet. Diese Art von materiellem Wohlstand hervorzubringen ist der normative Zweck des Wirtschaftens und damit die zentrale Größe der Wirtschaftswissenschaften. In der Philosophie hingegen wird Wohlstand häufig umfassender als Wohlergehen oder Glück (»eudaimonia«) verstanden. Die Versorgung mit Gütern ist dann nur Mittel zum Zweck oder sogar gänzlich unbedeutend, wie das Beispiel von Diogenes in der Tonne und andere Ideale der Askese zeigen. Auch fernöstliche philosophische Traditionen wie der Buddhismus haben deutlich andere Vorstellungen von den Voraussetzungen des Wohlergehens und sehen wahren Wohlstand erst erreicht, wenn sich der Mensch weitestgehend von weltlichen Bedürfnissen befreit hat (vgl. Kolmar 2017: 4 f.).

Trotz seiner bedeutsamen Stellung in der Ökonomie ist der Begriff Wohlstand weder klar definiert noch unumstritten. Die ökonomische Debatte um Wohlstand lässt sich in zwei Perspektiven unterteilen: Einerseits wird Wohlstand als Summe von materiellem Besitz verstanden, der auch als Reichtum bezeichnet wird. Andererseits wird erst der Nutzen oder die Lust, die aus solchem Besitz gezogen werden kann, als Wohlstand betrachtet und nicht die Güter selbst (vgl. Heilbroner 2008).

Das Verständnis von Wohlstand hat sich im geschichtlichen Lauf der Zeiten verändert. Im Mittelalter und zur Zeit des Merkantilismus war es zunächst dem ersten Paradigma, der Akkumulation von materiellem Besitz, verhaftet. Wohlstand bezog sich zunächst auf das Wohlergehen des jeweiligen Herrschers, für die Physiokraten galt hingegen die Summe der landwirtschaftlichen Erzeugnisse als Wohlstand (vgl. Quesnay 1971). Mit Adam Smith, David Ricardo und Thomas Robert Malthus entwickelte sich dann eine systematischere Auseinandersetzung mit dem Wohlstand, die sich vor allem mit dem Faktor Arbeit beschäftigte: »Nicht mit Gold oder Silber sondern mit Arbeit wurde aller Reichtum dieser Welt letztlich erworben«, schreibt Adam Smith im *Wohlstand der Nationen*, und »sein Wert ist für die Besitzer, die ihn gegen neue Güter austauschen möchten, genau gleich der Arbeitsmenge, die sie damit kaufen oder über die sie mit seiner Hilfe verfügen können« (Smith 1978: 28; vgl. auch oben den Kapitel 3.1).

Die Bestimmung der aufgewendeten oder verfügbaren Arbeitskraft als Grundlage des Wohlstands ist jedoch nicht unproblematisch, weil Arbeit beispielsweise nicht bloß Güter produziert, sondern auch Dienstleistungen hervorbringt, die in den Wohlstandsrechnungen nicht auftauchen. Da der Versuch, objektive Berechnungen von Wohlstand durchzuführen, nicht immer erfolgreich war, entwickelte sich mit dem Utilitarismus und der Grenznutzenschule ein zweites Paradigma, das sich bei der Bestimmung des Wohlstands auf den individuellen, subjektiven Nutzen, den ein Gut für seinen Eigentümer haben kann, stützt. Mit diesem Verständnis änderte sich auch die Ausrichtung der Ökonomie ganz allgemein, die – seit Gossen, Menger und Walras – als Wissenschaft verstanden wird, die sich nicht mit der Maximierung von Kapital oder Einkommen beschäftigt, sondern mit Nutzen in Form von Genuss (vgl. Issing 2014; Heilbroner 2008). Während der Nutzwert einer Ware bei Smith oder Ricardo noch eine objektive Größe war (wie etwa die Härte eines Diamanten oder die Geschmeidigkeit eines Stoffes), wird der (Grenz-)Nutzen nun rein subjektiv und abhängig von individuellen Präferenzen verstanden (vgl. Kapitel 2.4). Diese Perspektive ist jedoch ebenfalls nicht unproblematisch, wirft sie doch die Frage auf, wie die Akkumulation von Wohlstand gemessen werden soll, wenn sie bloß rein subjektiven Empfindungen entspricht. Folglich diskutiert die neuere Wohlfahrtsökonomik auch alternative Formen der Wohlfahrt wie etwa Amartya Sen in seinem Fähigkeiten-Ansatz (vgl. Sen 1999).

Die Messung von Wohlstand erfolgt heute hauptsächlich im Rahmen der volkswirtschaftlichen Gesamtrechnung. Diese basiert sowohl auf Bestands- wie auf Flussrechnungen und soll ein quantitatives Gesamtbild des wirtschaftlichen Geschehens eines Wirtschaftsraums abbilden. Der Lebensstandard wird dabei durch Teilgrößen wie das Bruttoinlandsprodukt oder das Pro-Kopf-Einkommen gemessen. Moderne Debatten um Wohlstand in der sogenannten Happiness- oder Glücksforschung ergänzen diese materielle Erfassung um qualitative Dimensionen und beziehen sich unter anderem auf die aristotelische Tradition eines Verständnisses von Wohlstand als Glück (»Eudämonie«) (vgl. Graham 2008). Für ein gelingendes Leben ist dann mehr nötig als bloß materieller Wohlstand, da dieser nur Mittel zum Zweck ist und wahres Glück darin liegt, etwas um seiner selbst willen zu tun. Auch Wirtschaftswissenschaftler wie Bruno S. Frey und Alois Stutzer (2002) weisen im Rahmen der Happiness Economics darauf hin, dass Einkommen und Wohlstand allein nicht das Wohlergehen der Menschen abbilden. Es müssen vielmehr weitere Faktoren für ein gutes Leben in die Forschung einbezogen werden. Dazu gehören beispielsweise soziale Teilhabe und persönliches Wohlbefinden. Auch werden in Wohlstandsberechnungen zunehmend Aspekte der Ökologie und Nachhaltigkeit berücksichtigt, wie sich beispielhaft in der umweltökonomischen Gesamtrechnung zeigt (vgl. Bartelmus et al. 2003).

Aus der Kritik an der Fokussierung auf materiellen Wohlstand speist sich auch die Debatte um die moderne Wohlstands- oder Überflussgesellschaft. Hier geht es um die Frage, inwieweit moderne westliche Gesellschaften zwar immer mehr Wohlstand schaffen, dieser Wohlstand aber in weiten Teilen auf künstlich geweckten Bedürfnissen beruht und Menschen nur des Konsums wegen konsumieren. Der Ökonom John Kenneth Galbraith sprach bereits 1958 von der *Gesellschaft im Überfluss*, behandelte diese jedoch zunächst weitgehend neutral und kritisierte lediglich private Verschwendung. In jüngeren Debatten ist die Rede von der Überflussgesellschaft umfassender und als Kritik an den modernen kapitalistischen Wirtschafts- und Gesellschaftsentwürfen zu verstehen, da der Kapitalismus viele Bedürfnisse nach Konsum erst schaffe und damit einen ausufernden Ressourcenverbrauch verursache, der die Menschen unglücklich mache und den Planeten überstrapaziere (vgl. Galbraith 1963).

Über die Schaffung künstlicher Bedürfnisse hinaus erzeugt materieller Wohlstand außerdem Machtverhältnisse, da Wohlstand (sowohl volks- wie auch betriebswirtschaftlich) die Verfügungsgewalt über Mittel und Arbeitskräfte bedeutet. Auch die Definition dessen, was Wohlstand inhaltlich überhaupt bedeutet, ist bereits eine Machtfrage, wie sie etwa die Diskursanalysen Foucaults oder auch die genealogischen Untersuchungen Nietzsches stellen. Denn derjenige, der bestimmt, was als Wohlstand gilt, bestimmt damit auch maßgeblich, was den Menschen als erstrebenswert scheint, und degradiert Dinge, die nicht darunter fallen, zu vermeintlich unwesentlichen.

Neben der Machtfrage werden durch den Wohlstand zudem Verteilungs- und Gerechtigkeitsfragen aufgeworfen. Auch wenn der Wohlstand (unabhängig davon, wie er definiert wird) weltweit ansteigt, ist seine Verteilung sowohl global zwischen den Nationen als auch innerhalb einzelner Nationen höchst unterschiedlich (vgl. Piketty 2014). Fragen der gerechten Verteilungspolitik stellen sich darum sowohl im globalen Gefälle von nördlicher und südlicher Hemisphäre als auch in Bezug auf nationale wirtschaftspolitische Fragestellungen, wie sie schon Ludwig Erhard (2009) mit seinem Konzept eines *Wohlstands für alle* von 1957 im Rahmen der Sozialen Marktwirtschaft diskutiert hat. Unter Berücksichtigung von und in Auseinandersetzung mit aktuellen Theorien der Gerechtigkeit, etwa von Rawls (2012), hat die Debatte darüber hinaus längst auch Fragen der globalen Verteilung von Wohlstand erreicht (vgl. Pogge 2002; Barry/Pogge

2006 und Sen 2000), die bei Sen weit über die Verteilung von materiellem Wohlstand hinausgeht und eine substanzielle Freiheit, also Überlegungen zu einer Ermöglichung von Lebenschancen für alle, ins Zentrum stellt.

Wachstum

Die Frage nach dem Wohlstand wirft auch ein kritisches Licht auf die Bedeutung des Wachstums. Angesichts zunehmender Ressourcenknappheit, weiter steigender Umweltbelastungen und kultureller wie sozialer Entfremdungsphänomene sieht sich der Begriff des Wachstums analog dem des Wohlstands einer wirtschaftsphilosophischen Kritik ausgesetzt. Diese Kritik zielt unter anderem auf eine neue Ausrichtung des Wachstumsbegriffs hin zu einer Restrukturierung von Bedürfnisstrukturen nach dem Prinzip der Suffizienz und zu einer Verschiebung in Richtung eines qualitativen Wachstums im Gegensatz zu einem quantitativen Wachstum (Büchele/Pelinka 2012; Sternad/Mödritscher 2018).

Das Wirtschaftswachstum galt über lange Zeit als ein entscheidender Faktor für die Stabilisierung und Steigerung des Wohlstands eines Landes. Als Wachstum bezeichnet wird die Steigerung der Wirtschaftsleistung eines Landes, die in der Regel durch die Entwicklung des Bruttoinlandsprodukts (BIP) in einem bestimmten Zeitraum abgebildet wird. Entscheidend ist dabei, dass ein quantitatives Wachstum, wie im vorigen Abschnitt dargestellt, nicht unbedingt eine Zunahme von gesellschaftlichem Wohlstand bedeuten muss. Quantitatives Wachstum geht zwar stets mit der Steigerung des BIP einher, muss aber nicht unbedingt mit einer Steigerung gesellschaftlichen Wohlstands verbunden sein, insofern es zu einer massiven Erschöpfung von Ressourcen sowie zu ökologischen und sozialen Belastungen führen kann.

Deshalb müssen zur kritischen Erfassung des Zusammenhangs zwischen Wohlstand und Wachstum auch die Faktoren des Bevölkerungswachstums, die durchschnittliche Arbeitszeit sowie die Umweltbelastung mit einbezogen werden. Im Human Development Index der Vereinten Nationen werden zur Bemessung von Wachstum und Wohlstand neben dem Bruttoinlandseinkommen pro Kopf zusätzlich noch die Faktoren der Lebenserwartung und der Dauer der Ausbildung mit einberechnet (vgl. United Nations Development Programme 2018).

Steht das Wachstumskonzept somit in einem engen Zusammenhang mit dem Begriff des Wohlstands, so gilt dies insbesondere für die Tatsache, dass das Wachstum aufgrund der Logik von Investition und Verschuldung sowie Zins und Zinseszins über lange Zeit als ein notwendiger Grundpfeiler der Ökonomie galt und auch heute noch gilt (Jones 2002). Die wirtschaftsphilosophische Debatte des Wachstumsbegriffs schließt deshalb neben der Entwicklung von Alternativen zum klassischen Wachstumskonzept auch die Hinterfragung der scheinbaren Alternativlosigkeit dieses Paradigmas ein. Sie richtet sich außerdem auf die philosophie- und kulturhistorische Entwicklung des Wachstumsbegriffs, dessen Geburtsstunde im Aufkommen des Rationalitätsprinzips im Übergang vom Mittelalter zur Frühen Neuzeit liegt. Drei Themenfelder sind in der Wirtschaftsphilosophie für die Diskussion des Begriffs Wachstum grundlegend und werden im Folgenden erläutert:

- das anthropologische Prinzip der Selbsterhaltung
- das temporale Prinzip einer Beherrschung der Zukunft, das einerseits mit der Überwindung der Knappheit der Lebenszeit und andererseits mit problematischen Zukunftsprognosen verbunden ist, bei denen Narration und Fiktion eine Rolle spielen

– das ethische Prinzip der Nachhaltigkeit, das heute aufgrund der Kritik am Wachstumsbegriff im Vordergrund steht

Die Maxime des Wachstums war nicht immer ein grundlegendes Paradigma der Ökonomie (siehe Kapitel 2.1). Die kontinuierliche Vermehrung von Gewinn sowie die Steigerung von Produktivität als Grundprämissen des Wachstumsgedankens werden durch die Entstehung des anthropologischen Paradigmas, wonach der Mensch im Mittelpunkt der Welt steht und den geschichtlichen Fortschritt selbst gestaltet, bedingt. Der historische Ausgangspunkt der Fortschrittsidee liegt in der Frühen Neuzeit (Koselleck 1989: 361, 366). Während das Fortbestehen des Menschen in der spätantiken Ordnung noch durch die Gnade eines mächtigen Gottes geschützt zu sein schien, der als Ursache und Kontinuitätsgarant der Welt galt, kommen im Übergang zum Mittelalter und mit der Durchsetzung des Rationalitätsprinzips in der Neuzeit Zweifel an einer solchen Gewähr auf. Der Gedanke eines Gottes, der so mächtig ist, dass er nicht mehr nur die Kontinuität der Welt, sondern vielmehr deren Neuerschaffung in jedem Augenblick (in der Hochscholastik als *creatio continua* bezeichnet) verbürgen kann, steht nun im Vordergrund (Blumenberg 1976; Leibniz 1998: 78; Köhne 2017b: 53). Diese Zeitstruktur bedingt das neue Bild eines Menschen, der die Kontinuität seiner Existenz im Hinblick auf die Zukunft selbst absichern muss. Angesichts dieser Veränderung des Gottesbildes in der Frühen Neuzeit steht nicht mehr Gott, sondern das Individuum selbst in der Verantwortung, die nötigen Mittel zu seiner Erhaltung mit Blick auf die Zukunft zu erwirtschaften. Wesentlich für die Idee der Selbsterhaltung sind dabei einerseits die Haltbarkeit des Wertes von Gütern über einen längeren Zeitraum und andererseits die Vermehrung desjenigen Besitzes, der der Selbsterhaltung dient, um etwaige Risiken im Hinblick auf zukünftige Katastrophen abschwächen zu können (Blumenberg 1976: 193; Köhne 2017b: 54).

In der Moderne bildet sich die Dimension der Zukunft noch deutlicher als für den Wachstumsgedanken maßgebliche Zeitkategorie heraus. Zukunft wird nun entsprechend dem Rationalitätsprinzip als durch diejenigen Ursachen bedingt verstanden, die der Mensch durch sein Handeln und seine Lebensführung selbst hervorbringt. In der Moderne wird die Selbsterhaltung, als deren Garant das Wachstum gilt, somit zu einem wesentlichen Faktor für die Gestaltung von Zukunft (Blumenberg 1976).

Die neue anthropologische Bestimmung des Menschen als eines Individuums, das in seiner Existenz nicht mehr ausschließlich von der Gnade Gottes abhängt, sondern seinen Lebensentwurf im Hinblick auf eine ungewisse Zukunft selbst bestimmen und absichern muss, ist grundlegend für die weitere Entwicklung des Wachstumsbegriffs. Dabei wird das Wachstum unter der Prämisse des Fortschrittsgedankens (Jonas 1979) als ein zukunftsgerichteter Prozess der kontinuierlichen Selbstoptimierung und -perfektionierung beschrieben (Gross 1994), innerhalb dessen eine Übertragung der Vorstellung individueller Leistungen auf gesamtgesellschaftliche, auf die Zukunft ausgerichtete Prozesse stattfindet.

Die Knappheit der Lebenszeit, die das Subjekt dazu veranlasst, Zeit als eine Kontinuität wahrzunehmen, die von einem Anfang zu einem Ende hin verläuft, ist sowohl konstitutiv für das anthropologische Prinzip der Selbsterhaltung als auch für das Ideal des Wachstums. Die durch die Endlichkeit bedingte Knappheit der menschlichen Lebenszeit bewirkt das Streben des Menschen nach einer optimalen Nutzung dieser Zeit, aus der eine fortschreitende Steigerungsdynamik und die Fixierung auf Wachstum resultieren (Schulze 2003). Wachstum ist somit an die Linearität und Kontinuität der Zeit gekoppelt. Nur durch die kontinuierliche Antizipation von Zukunft können Prozesse des Wachstums als eine Folge von Produktivität vorgestellt werden.

Dabei bildet diese Vorstellung von Wachstum insofern eine Konstruktion (Esposito 2017: 125) und Narration zukünftiger Entwicklungen (Priddat 2016: 65 f.), als die Zukunft durch Ungewissheit geprägt ist und niemals vollständig im Rahmen von Wachstumsprognosen abgebildet werden kann (Knight 1964; Shackle 1990; siehe oben Kapitel 3.2). Die kontinuierliche Darstellung dessen, was in der Zukunft geschehen wird, verdankt sich einer narrativen Projektion bereits bekannter vergangener Erfahrungen auf die Zukunft (Priddat 2016; Derrida 1993). Dadurch erzeugt die narrative Struktur von Wachstum eine neue Anordnung eines bereits bekannten Kontextes, der aus der linearen Fiktion zukünftiger Ereignisse hervorgeht (Röttgers 1982; Priddat 2016; Beckert 2018).

Die Konstituierung des Wachstumsideals aus individuellen und sozialen Fortschrittsvorstellungen im Zuge der Säkularisierung sowie der fiktive Charakter der Inhalte von Wachstumsprognosen führen gleichwohl zu einer extremen Beständigkeit von Wachstumsnarrativen, da das Wachstum als konstitutives Moment des sozialen und wirtschaftlichen Fortbestehens der Menschheit erscheint. Obwohl seit Beginn des 20. Jahrhunderts vor dem Hintergrund des exponentiellen Anstiegs des Bevölkerungswachstums, des steigenden Ressourcenverbrauchs, zunehmender Umweltbelastungen und gesellschaftlicher Beschleunigungsprozesse (Rosa 2005) das Wachstumsideal infrage gestellt wird, ändert sich an seiner faktischen Geltung nur wenig. Die Einbettung des Wachstumsideals in die konstitutive anthropologische Determinante des Selbsterhalts und seine Verbindung mit individuellen und gesamtgesellschaftlichen Fortschrittsvorstellungen machen es schwierig, ein Bild von der Gestaltung sozialer und ökonomischer Prozesse unabhängig vom Ideal des Wachstums zu entwickeln.

Der Abschied vom Wachstumsideal wird angesichts begrenzter Ressourcen und einer zunehmenden Zerstörung der Biosphäre vor allem im Rückgriff auf das Prinzip der Nachhaltigkeit gefordert (Meadows 1972; Brundtland-Bericht 1987; Agenda 21; Meadows et al. 1993). Die Kritik des Wachstums zielt unter anderem auf eine Ökologisierung des Wirtschaftens durch Abkopplung des Ressourcenverbrauchs vom technologischen Fortschritt (Fücks 2013) und die Ersetzung des Effizienzprinzips durch das Suffizienzprinzip (Jackson 2012; Paech 2013). Weitere Ziele der Wachstumskritik liegen in der Risikominimierung und der kritischen Betrachtung von Innovationen sowie im Übergang vom quantitativen zu einem qualitativen Wachstumsverständnis (Nowotny 1997).

Es bleibt die Frage, ob Wohlstand unabhängig von den vorherrschenden Vorstellungen des Wachstums realisiert werden kann, wie dies einige Autoren annehmen (Daly 1999). Aus Sicht der »Postwachstumsökonomie« (Paech 2012), die sich auf Prinzipien der Suffizienz und der Entschleunigung beruft, ist eine nachhaltige Transformation des Wirtschaftssystems möglich (Schneidewind 2018). Voraussetzung hierfür sind die Anpassung des Verbraucherverhaltens an Konsumformen einer starken Nachhaltigkeit (Ott/Döring 2011), eine neue Balance zwischen Selbst- und Fremdversorgung sowie die Konzentration auf Regionalökonomien und institutionelle Innovationen, die einer »Kultur der Maßlosigkeit« (Paech 2012: 463) entgegenwirken.

3.4 Menschenbild, Rationalität und normative Voraussetzungen

Das Menschenbild, das im Zentrum der meisten ökonomischen Theorien steht, entspricht dem eines Individuums, das rationale Entscheidungen trifft und dabei seinen Nutzen maximiert – das

Modell des Homo oeconomicus, das sich jedoch in der Wirtschaftsphilosophie nicht selten der Kritik ausgesetzt sieht.

Homo oeconomicus

Die Begriffsprägung Homo oeconomicus geht auf den Ökonomen Vilfredo Pareto (1906) zurück, jedoch wurde der gedankliche Inhalt des Begriffs, wie in Kapitel 2.3 erläutert, bereits in der klassischen Nationalökonomie von John Stuart Mill und Adam Smith vorweggenommen. Auch John Kells beschrieb schon vor Pareto den sogenannten »Economic Man« (Kells 1888). Insbesondere Mill thematisiert im Rahmen seines Essays *Über die Definition der politischen Ökonomie und die ihr angemessene Forschungsmethode* von 1836 (2008) die wesentlichen Strukturelemente des Homo oeconomicus als die für das Wirtschaften relevanten Grundeigenschaften des Menschen unter Ausschluss aller anderen möglichen Motivationen des menschlichen Handelns mit Ausnahme derjenigen, die dem Prinzip der Nutzenmaximierung direkt entgegenwirken (wie z.B. mangelnder Fleiß und Opportunismus).

Das Modell des Homo oeconomicus soll also kein geschlossenes Menschenbild liefern, das in allen handlungsrelevanten Bereichen des menschlichen Lebens Geltung hat. Es bezieht sich ausschließlich auf den Bereich des effizienten Wirtschaftens, dessen Prinzipien jedoch nicht nur in ökonomischen Belangen, sondern auch in den von angrenzenden Fächern wie Psychologie, Soziologie, Philosophie, Politikwissenschaft oder Rechtswissenschaft untersuchten Handlungsweisen wirksam sein sollen, sodass das Modell des Homo oeconomicus dort ebenfalls Wirkmächtigkeit erlangt hat (Krause 2016; Hutter/Teubner 2006; Schimank 2000).

Der Homo oeconomicus bezeichnet die Position eines rational entscheidenden Individuums (*Prinzip der Rationalität*), das über alle notwendigen entscheidungsrelevanten Informationen (*Prinzip der vollständigen Information*) verfügt und auf der Grundlage dieses Wissens nach dem *Prinzip der Nutzenmaximierung* sowie dem *Prinzip einer zeitkonsistenten Präferenzordnung* zwischen unterschiedlichen Entscheidungsoptionen wählen kann. Dabei spielt die intrinsische Motivation des Individuums, das die Entscheidungen trifft (z.B. egoistisch oder altruistisch), keine Rolle.

Das Modell des Homo oeconomicus soll der Ökonomik die Analyse und Berechnung menschlicher Handlungen ermöglichen. Zugleich soll es die Übertragung menschlicher Handlungen in eine Nutzenfunktion gewährleisten, anhand derer nicht nur eine analytische Erfassung von Entscheidungsstrukturen zur Beschreibung des vergangenen oder gegenwärtigen Zustandes, sondern insbesondere der Planbarkeit zukünftiger Entscheidungen im Hinblick auf den zukünftigen Nutzen sowie das einzugehende Risiko erfolgen soll. Der kausale Zusammenhang zwischen individuellen Handlungen und kollektiven Folgen wird durch das Modell des Homo oeconomicus hergestellt, insofern die individuelle Handlung auf der Mikroebene Rückschlüsse auf die Herausbildung von Makrophänomenen wie z.B. Unternehmen oder ganzen Wirtschaftssystemen zulassen soll. Das Modell des Homo oeconomicus beruht also auf einem methodologischen Individualismus, durch den individuelle Handlungsstrukturen in ihrer Durchschnittlichkeit auf Makrophänomene übertragen werden (Coleman 1990; Göbel 2010).

Kritik am Modell des Homo oeconomicus

Wie bereits gesagt, liegt dem Modell des Homo oeconomicus das Menschenbild eines rational entscheidenden Individuums zugrunde. Bei Lichte betrachtet stellt sich jedoch heraus, dass die Annahme ausschließlicher Rationalität als eines Haupttreibers für menschliche Entscheidungen nicht ganz unproblematisch ist. So ist in der Ökonomik in den vergangenen Jahren immer stärker der Einfluss von äußeren Umständen auf die Entscheidungen von Akteuren untersucht worden. Dabei wird davon ausgegangen, dass Akteure ihre Entscheidungen nicht nur aus einer inhärenten Rationalität heraus treffen, sondern insbesondere auf äußere Umstände und institutionelle Rahmenstrukturen reagieren, innerhalb deren sie ihre Entscheidungen treffen. So beschreibt Gebhart Kirchgässner den Homo oeconomicus als abhängig von der Veränderung der äußeren institutionellen Verhältnisse, die insbesondere immer dann in den theoretischen Blickwinkel rücken, wenn individuelle und kollektive Rationalität auseinanderfallen (Kirchgässner 2008). Nach dem Modell des Homo oeconomicus reagiert der Mensch auf institutionelle Anreize wie etwa Restriktionen und passt sein Entscheidungsverhalten entsprechend an (Suchanek 1993; Krause 2016). Für Korrekturen am Modell des Homo oeconomicus ist es deshalb mit Blick auf wirtschaftsphilosophische und wirtschaftsethische Kontexte von zentraler Bedeutung, dass der Homo oeconomicus immer im Wechselverhältnis mit den institutionellen Rahmenstrukturen betrachtet werden muss, die ihn umgeben.

Auch die Behauptung der rationalen Entscheidung unter dem Gesichtspunkt der Nutzenmaximierung ist inzwischen Gegenstand der Kritik des Homo oeconomicus und wird ebenfalls modifiziert. Dabei lassen sich zwei Achsen der Kritik ausmachen, die in der Wirtschaftsphilosophie Widerhall gefunden haben und im Folgenden dargestellt werden sollen. Die Annahme des Menschenbildes eines rational entscheidenden Individuums wird zum einen auf der Grundlage empirischer Untersuchungen sowie in normativer Hinsicht und zum anderen theoriehistorisch und unter anthropologischen Gesichtspunkten kritisiert.

Aus *empirischer* Sicht stehen unter Verweis auf die Komplexität und Unvorhersehbarkeit von Entscheidungssituationen sowie auf die Problematik der Zeitinkonsistenz individueller Präferenzen vor allem die erkenntnistheoretischen Grundannahmen des Modells des Homo oeconomicus infrage. So wird darauf hingewiesen, dass Präferenzen zu unterschiedlichen Zeitpunkten unterschiedlich ausfallen können, obwohl sich die zugrunde liegende Nutzenstruktur nicht verändert.

Innerhalb der Ökonomik selbst lässt sich bereits seit den 1950er Jahren eine für die wirtschaftsphilosophische Reflexion relevante Dynamik hin zur *empirischen Untersuchung* des individuellen Entscheidungsverhaltens verzeichnen, durch die sich Modellannahmen des Homo oeconomicus überprüfen lassen. So beobachtete Herbert Simon auf Grundlage empirischer Studien die kognitive Begrenztheit des Individuums in Entscheidungssituationen und konstatierte eine »begrenzte Rationalität« (*bounded rationality*) von Individuen (Simon 1955). Daniel Kahneman und Amos Tversky führen diese Kritik am Modell des Homo oeconomicus auf der Grundlage empirischer Studien weiter. Unter der Voraussetzung, dass rationale Entscheidungen grundlegend durch Kohärenz und Konsistenz gekennzeichnet sein müssen, stellen sie fest, dass individuelles Entscheidungsverhalten gerade dadurch geprägt ist, dass Individuen die Anforderungen der Konsistenz und Kohärenz systematisch verletzen, indem ihre Entscheidungen durch das sogenannte »Framing« von Informationen und andere Verzerrungen beeinflusst sind (Kahneman/Tversky 1974, 1979, 1981; siehe auch Kapitel 2.5 und 5.1).

Im Anschluss an die genannten Positionen zielen in der neueren Verhaltensökonomik und Sozialpsychologie die Ansätze des libertären Paternalismus (Thaler/Sunstein 2009) und der simplen Heuristiken (Gigerenzer/Todd 2000) auf Korrekturen am Modell des Homo oeconomicus ab. Sie gehen von der Beobachtung aus, dass die Rationalität als Entscheidungstreiber des Individuums stark eingegrenzt und äußeren Einflüssen aus der Entscheidungsumwelt (Zeitknappheit, Gewohnheit, Begrenztheit der kognitiven Kompetenzen durch Informationsüberflutung und -komplexität) ausgesetzt ist, sodass faktische Entscheidungsdefizite entstehen. Wie schon in Kapitel 2.5 thematisiert, unterscheiden sich die beiden Ansätze insofern, als der libertäre Paternalismus von der Möglichkeit der Beeinflussung von Entscheidungen durch das sogenannte »Nudging« (Thaler/Sunstein 2009) ausgeht und sich dabei einer übergeordneten rationalen Planungsinstanz bedient, die partiell irrational handelnden Individuen zu rationalen Entscheidungen verhilft. Im Unterschied zum libertären Paternalismus verfolgt der Ansatz der simplen Heuristiken keine Optimierung von rationalen Entscheidungen, sondern setzt auf einfache Verbesserungen kognitiver Defizite durch Erfahrungsregeln und Intuitionen.

Gerd Gigerenzer hat in diesem Zusammenhang das Konzept der begrenzten Rationalität zu einer ethischen Theorie des sogenannten »Moral Satisficing« weiterentwickelt (Gigerenzer 2010: 545 ff.). Diese geht davon aus, dass ethische Entscheidungen der Begrenztheit des individuellen und überindividuellen Wissens sowie den Einflussfaktoren der jeweiligen Entscheidungsumwelt unterliegen. Der von Herbert Simon entlehnte Begriff »satisficing« (ein Kofferwort aus satisfy und suffice) verabschiedet die Vorstellung von der Optimalität einer Entscheidung zugunsten der Erfüllung vorher festgelegter Mindestanforderungen an ethisches Verhalten (Gigerenzer 2010: 13). Auf diese Weise wird das Ideal der sicheren Erreichung eines moralisch »perfekten« Ergebnisses durch die Anwendung simpler Entscheidungsheuristiken komplementiert. Die Sicherheit einer »optimalen« moralischen Entscheidung wird dabei zugunsten der moralischen Begründbarkeit und Zielsetzung der Entscheidungsfindung aufgegeben.

Eine weitere Korrektur am Homo oeconomicus leistet das Modell des »Homo reciprocans« (Fehr/Gächter 2000), das der verhaltenspsychologischen Forschung entstammt und bei der Betrachtung ethischen Handelns herangezogen wird. Dieses Modell geht davon aus, dass Individuen grundsätzlich zu einer hohen Kooperationsbereitschaft neigen und Fairness belohnen, auch wenn dies zu erhöhten Kosten führt (Falk 2001; Krause 2016). Entsprechend können institutionelle Anreizstrukturen zur Motivation ethischen Verhaltens beitragen.

Neben der empirisch begründeten Kritik des Homo oeconomicus lassen sich aus ethischer Sicht auch *normative Aspekte* gegen die Legitimation dieses Modells anführen. So argumentiert die integrative Wirtschaftsethik, dass die Fokussierung auf den Homo oeconomicus für die Idee einer gelingenden Wirtschaft falsch sei, da wirtschaftliches Handeln nicht nur den Zweck habe, Gewinne zu maximieren, sondern vor allem zum Gelingen des sozialen und politischen Lebens beitragen müsse (Ulrich 2002; siehe auch unten Kapitel 4.2). Das Modell des Homo oeconomicus läuft dem Ziel der Lebensdienlichkeit zuwider, da es die Individualinteressen der Nutznießer des ökonomischen Systems befördert und die Isolation der Wirtschaft von den lebensweltlichen Anforderungen der Gesellschaft verstärkt.

Kritik des Menschenbildes

Nicht nur aus empirischer und normativer, sondern auch *aus theoriehistorischer und anthropologischer Sicht* lässt sich eine Kritik am Modell des Homo oeconomicus formulieren. Diese hebt zunächst auf das Bild des Menschen als eines rational entscheidenden, autonomen Individuums ab. Die Kritik geht davon aus, dass das »Wesen« des Menschen als solches nicht fest definiert ist, sondern dass die Definitionen dessen, was der Mensch ist und sein soll, seit der Antike einem stetigen Wandel unterliegen. In diesem Sinne beschreibt etwa der Philosoph Giorgio Agamben die Demarkationslinie, die den Menschen vom Tier trennt, als einen äußerst schmalen Grat. Agamben geht davon aus, dass insbesondere das humanistische, auf dem Paradigma der Rationalität beruhende Menschenbild im westlichen Theoriediskurs zu einem entscheidenden Faktor geronnen ist, der dazu beiträgt, die weitgehend »offene« Natur des Menschen (Agamben 2003) einzugrenzen. Dies geschieht durch die Definitionskriterien von Rationalität und Würde qua Gottähnlichkeit, die als positive Diskriminierungsfaktoren wirken. Solche Diskriminierungsfaktoren erzeugen einerseits Ausschlussmechanismen (d.h. diejenigen Menschen, die nicht die genannten Definitionskriterien des »Menschlichen« erfüllen, sehen sich der Gefahr ausgesetzt, ausgegrenzt, entrechtet und nicht zuletzt ökonomisch benachteiligt zu werden) und haben andererseits – bedingt durch die »anthropologische Maschine des Humanismus« (ebd.: 39), die durch die Zuschreibung dessen, was der Mensch ist und sein soll, solche Ausgrenzungsmechanismen evoziert – einen vereinseitigenden Einfluss auf die normative Theoriebildung, insbesondere auf die grundlegenden Paradigmen der Moralphilosophie, aber auch der Ökonomik und angrenzender Disziplinen.

Zusammengefasst lässt sich sagen, dass das Modell des Homo oeconomicus auf einem ideologisch verengten Menschenbild ausschließlich rational agierender Individuen basiert, das so nicht haltbar ist. Zudem bewirkt der performative Charakter definitorischer Festschreibungen, in diesem Fall des Menschen auf rationale Entscheidungspräferenzen und Motive der Nutzenmaximierung, eine übergreifende gesellschaftliche Machtdynamik mit handfesten Folgen für alle Gesellschaftsmitglieder.

Reihe »Zur Einführung«

JUNIUS

A

Theodor W. Adorno
von Gerhard Schweppenhäuser
7. Aufl., 14,90 Euro [D]
ISBN 978-3-88506-671-2

Giorgio Agamben
von Eva Geulen
3. Aufl., 13,90 Euro [D]
ISBN 978-3-88506-670-5

Hans Albert
von Eric Hilgendorf
13,50 Euro [D]
ISBN 978-3-88506-943-0

Analytische Philosophie
von Albert Newen
3. Aufl., 15,90 Euro [D]
ISBN 978-3-88506-611-8

Anarchismus
von Daniel Loick
2. Aufl., 15,90 Euro [D]
ISBN 978-3-88506-768-9

Angewandte Ethik
von Urs Thurnherr
2. Aufl., 15,90 Euro [D]
Book on Demand
ISBN 978-3-88506-322-3

Antike und moderne Skepsis
von Markus Gabriel
2. Aufl., 13,90 Euro [D]
ISBN 978-3-88506-649-1

Antike politische Philosophie
von Walter Reese-Schäfer
13,50 Euro [D]
ISBN 978-3-88506-971-3

Hannah Arendt
von Grit Straßenberger
2. Aufl., 14,90 Euro [D]
ISBN 978-3-88506-089-5

Argumentationstheorie
von Josef Kopperschmidt
3. Aufl., 13,90 Euro [D]
ISBN 978-3-88506-320-9

Aristoteles
von Christof Rapp
5. Aufl., 14,90 Euro [D]
ISBN 978-3-88506-690-3

Ästhetik
von Stefan Majetschak
4. Aufl., 13,90 Euro [D]
ISBN 978-3-88506-634-7

Ästhetische Bildung
von Iris Laner
14,90 Euro [D]
ISBN 978-3-96060-300-9

Augustinus
von Johann Kreuzer
2. Aufl., 13,90 Euro [D]
ISBN 978-3-88506-609-5

B

Michail Bachtin
von Sylvia Sasse
2. Aufl., 14,90 Euro [D]
ISBN 978-3-88506-659-0

Roland Barthes
von Ottmar Ette
2. Aufl., 13,90 Euro [D]
ISBN 978-3-88506-694-1

Jean Baudrillard
von Falko Blask
4. Aufl., 13,90 Euro [D]
ISBN 978-3-88506-067-3

Walter Benjamin
von Sven Kramer
4. Aufl., 13,90 Euro [D]
ISBN 978-3-88506-683-5

Henri Bergson
von Gilles Deleuze
4. Aufl., 12,90 Euro [D]
ISBN 978-3-88506-336-0

Bildungstheorien
von Markus Rieger-Ladich
ca. 14,90 Euro [D]
ISBN 978-3-96060-304-7

Bildtheorie
von Wolfram Pichler und Ralph Ubl
3. Aufl., 15,90 Euro [D]
ISBN 978-3-88506-074-1

Biophilosophie
von Kristian Köchy
14,90 Euro [D]
ISBN 978-3-88506-650-7

Biopolitik
von Thomas Lemke
2. Aufl., 13,90 Euro [D]
ISBN 978-3-88506-635-4

Hans Blumenberg
von Franz Josef Wetz
4. Aufl., 14,90 Euro [D]
ISBN 978-3-88506-684-2

Theorien des Bösen
von Jörg Noller
2. Aufl., 14,90 Euro [D]
ISBN 978-3-88506-788-7

Pierre Bourdieu
von Markus Schwingel
8. Aufl., 14,90 Euro [D]
ISBN 978-3-88506-380-3

Eine solche Dynamik steht auch im Zentrum der Kritik an der Kommodifizierung sozialer Handlungsbereiche durch die ökonomische Logik der Nutzenmaximierung. So fordern Michael Walzer (1992), Michael J. Sandel (2012) oder Debra Satz (2013) eine Begrenzung des Geltungsbereichs von Modellbildungen wie der des Homo oeconomicus auf wirtschaftliche Handlungsfelder und den Schutz gesellschaftlicher Lebensbereiche vor einer entsprechend modellierten ökonomischen Rationalität. Insbesondere Walzer fordert in diesem Zusammenhang eine Blockierung der Marktlogik, vor allem in denjenigen Bereichen, die die soziale Wohlfahrt, die Gesundheit und die Bildung betreffen (Walzer 1992: 11 f.). In ähnlicher Weise spricht George Stigler vom »imperialen« Charakter des nutzenmaximierenden Denkens (Stigler 1984), das auf soziale Bereiche übergreife, die nicht von der Logik des Marktes und von Kriterien der Effizienz dominiert werden sollten.

Diese Diagnosen und Forderungen führen zurück zu der Frage, inwieweit das Menschenbild des Homo oeconomicus durch die von Giorgio Agamben so genannte »anthropologische Maschine des Humanismus« (Agamben 2003: 39 f.) hervorgebracht worden ist. Das Modell des Homo oeconomicus ist selbst in ein historisch gewachsenes Wertesystem eingebettet, das den »Nutzen« definiert, den rationale Akteure verfolgen. Die Konsistenz der Begründung dessen, was als »Nutzen« betrachtet wird, hängt dabei von sozialen und kulturellen Normen und Werten ab, die innerhalb einer Gesellschaft geteilt werden (Prisching 1983; Krause 2016). Für die wirtschaftsphilosophische Reflexion der Grundlagen des ökonomischen Menschenbildes lässt sich also festhalten, dass diese Grundlagen historisch wandelbaren Prämissen unterworfen sind, die den normativen Charakter des Homo oeconomicus auf sehr nachhaltige Weise prägen. Die Beantwortung der Frage, ob und wie weit das Modell des Homo oeconomicus sich auf gesellschaftliche Bereiche übertragen lässt, die durch andere normative Grundorientierungen bestimmt werden, bleibt deshalb eine wichtige Aufgabe der Wirtschaftsphilosophie.

3.5 Kapitalismus, Sozialismus und Dritte Wege

Wirtschaft tritt in verschiedenen Wirtschaftsformen in Erscheinung, die die Institutionen, Regeln, Gesetze und Normen umfassen, die den wirtschaftlichen Verkehr etwa einer Nation oder Region regeln sollen und die den Rahmen, in dem wirtschaftliches Handeln sich vollzieht, konstituieren. Die verschiedenen Wirtschaftsformen unterscheiden sich vor allem in einigen zentralen Aspekten wie z.B. der Frage der Eigentumsverhältnisse bzw. -rechte, der Steuerung des Wirtschaftsprozesses sowie der Preisbildung. Dabei werden je nach theoretischer Ausrichtung unterschiedliche Ordnungsprinzipien als zentrales Unterscheidungsmerkmal verstanden: Vertreter der historischen Schule der Nationalökonomie etwa betrachten die Gesamtheit der genannten Faktoren als ausschlaggebend (vgl. Kromphardt 2015). Der Marxismus hingegen betont vor allem die Eigentumsformen der Produktionsverhältnisse (vgl. Marx 1953). Friedrich A. von Hayek unterscheidet hinsichtlich der Organisationsformen zwischen spontaner Ordnung und geplanter Organisation (vgl. Hayek 1996), während K. Paul Hensel verschiedene Ordnungen anhand des Merkmals ihrer Informationsgewinnung, sprich am Unterschied zwischen freier Preisbildung und Planbilanzen, charakterisiert (vgl. Hensel 1978).

Die verschiedenen Ausprägungen von Wirtschaftsformen sind wirtschaftsphilosophisch insofern wichtig, als sie quasi die geronnene Auseinandersetzung darüber bilden, wie eine Gesellschaft die für sich als angemessen verstandene Wirtschaft institutionalisiert. Die Gestaltung der Wirtschaft bzw. die Entscheidung für eine bestimmte Wirtschaftsform ist entsprechend keine rein ökonomische, sprich bloß technische Frage. Eine Wirtschaftsform integriert letztlich auch die gewachsene kulturelle, sittlich-moralische Ordnung, in ihr kristallisieren sich Wertvorstellungen und Menschenbilder – sie spiegelt gewissermaßen das Telos und den Sinn des Wirtschaftens selbst wider.

Die Entstehung der Wirtschaftsformen hat in der Geschichte der Wirtschaftstheorie unterschiedliche Begründungen gefunden: So herrschte im neuzeitlichen Wirtschaftsdenken und in der Klassik die Vorstellung einer *ordre naturel* vor. Die Physiokraten und andere (vor-)klassische Ökonomen vertraten die Vorstellung, es gebe eine »natürliche« Wirtschaftsordnung, die in ihrer Funktion segensreich sei und deshalb möglichst ungestört belassen werden müsse (vgl. Bürgen 1996). Diese naturalistische Haltung verweist auf eine metaphysisch-naturrechtliche, teleologische Hintergrundüberzeugung. Weiterhin kann die Entwicklung von Wirtschaftsordnungen auf geschichtliche Prozesse und Gesetzmäßigkeiten zurückgeführt werden, wie sie in späteren wirtschaftsgeschichtlichen und wirtschaftssoziologischen Forschungen erörtert werden, etwa bei Marx (2013) oder bei Sombart (1967). Eine weitere Betrachtungsweise führt die Ausprägung bestehender Wirtschaftsordnungen auf politische Entscheidungen und bewusste Gestaltung zurück, wie dies beispielsweise im Ordoliberalismus, vor allem bei Walter Eucken (»Denken in Ordnungen«), der Fall ist (vgl. Eucken 1990).

Grundsätzlich lassen sich idealtypisch zwei Ausprägungen von Wirtschaftsformen unterscheiden, die die jeweiligen Pole der grundlegenden Ordnungsprinzipien abstecken: einerseits der Kapitalismus, der auf Privateigentum, freien Preisen und einer wettbewerblich organisierten Marktwirtschaft beruht, und andererseits der Sozialismus, der durch Staatseigentum, eine zentralistische Verwaltungswirtschaft und Planbilanzen charakterisiert ist. Daneben gibt es (vor allem als Resultat realpolitischer Anforderungen) eine Vielzahl von Mischsystemen und Versuchen, einen dritten Weg zwischen Kapitalismus und Sozialismus zu entwickeln.

Kapitalismus

Im Kern bezeichnet der Kapitalismus eine Wirtschafts- und Gesellschaftsform, die auf dem Privateigentum der Produktionsmittel und einer wettbewerblich organisierten Marktwirtschaft basiert sowie durch die Entwicklung und Akkumulation des Kapitals, wie sie in Kapitel 3.1 skizziert wurde, charakterisiert ist. Obwohl mitunter auch schon frühere Wirtschaftsformen als kapitalistisch bezeichnet werden, gilt als Beginn des Kapitalismus, wie er heute zumeist verstanden wird, vor allem der Industriekapitalismus, der im England des 18. Jahrhunderts entstand (vgl. Fulcher 2007). Die Fabriken, die zu dieser Zeit zunächst im Produktionsbereich der Baumwollspinnerei entstanden und dann immer weiter in alle Bereiche der Produktion vordrangen, führten zu einem bis dato nicht dagewesenen Wandel der Arbeitswelt, indem kapitalintensive Investitionen (etwa in maschinelle Webstühle) einen großen Teil der Arbeiter ersetzten, die nun entweder arbeitslos wurden oder in einem zunehmend arbeitsteilig organisierten Produktionsprozess nur mehr kleinteilige Arbeitsschritte auszuführen hatten (vgl. dazu auch die Erläuterungen zum Begriff der Arbeit, Kapitel 3.1).

Im Fahrwasser der Aufklärung verursachte die kapitalistische Wirtschafts- und Gesellschaftsformation nicht nur umfassende Veränderungen in der Art und Weise, Wirtschaft zu betreiben, sondern veränderte auch die gesellschaftlichen Verhältnisse in Europa, Amerika und später auf der ganzen Welt erheblich. Die im Bereich der mathematisch-experimentellen Wissenschaft erlangten Kenntnisse und die aus ihnen entwickelten Neuerungen übertrugen sich auf alle Bereiche des Lebens, vor allem im Feld der Technik, ihrer Anwendungen und der durch sie möglich gemachten Erfindungen (vgl. Schumpeter 1993: 203–205), die den Lebensstandard vieler Menschen anhoben und die Produktivität der Wirtschaft massiv steigerten.

Politisch ist der Kapitalismus eng mit der Entwicklung des Liberalismus und der westlichen Demokratien verbunden – die ebenfalls ein vernünftiges, rationales Individuum in den Mittelpunkt ihrer politischen Konzeption stellen. Die Epoche des Industriekapitalismus ist insofern nicht nur wirtschaftshistorisch bedeutsam, sondern ebenso für die Entwicklung der politischen und sozialen Verhältnisse in den modernen westlichen Gesellschaften, wie wir sie heute kennen. Für Autoren wie Joseph Schumpeter ist eine kapitalistische Wirtschafts- und Gesellschaftsform nur in einem vom bürgerlichen Liberalismus geprägten politischen Rahmen möglich. Die vormaligen Adels- und Standesgesellschaften werden mit dem und durch den Kapitalismus abgelöst von einer bürgerlichen Gesellschaft, die die gesellschaftliche Position von Menschen nicht qua Geburt, sondern rein aufgrund ihrer geschäftlichen Initiative und Erfolge misst: »Die bürgerliche Gesellschaft ist in eine rein wirtschaftliche Form gegossen worden, – ihre Fundamente, ihre Tragbalken und ihre Leuchttürme sind alle aus wirtschaftlichem Material hergestellt. Das Gebäude schaut nach der wirtschaftlichen Seite des Lebens« (ebd.: 122). Der Kapitalismus bringt nach Schumpeter die Menschen und Mittel hervor, die er für seine Existenz benötigt, und schafft so zugleich den Raum für eine neue soziale Klasse (ebd.: 203). Ähnlich heißt es bei Max Weber: »Der heutige, zur Herrschaft im Wirtschaftsleben gelangte Kapitalismus also erzieht und schafft sich im Wege der ökonomischen Auslese die Wirtschaftssubjekte – Unternehmer und Arbeiter – deren er bedarf.«

(Weber 1988: 37) Dieser neue Menschentypus ist der Bourgeois, der durch ökonomische Tugenden wie Ehrhaftigkeit, Disziplin und Sparsamkeit gekennzeichnet ist (vgl. McCloskey 2010).

Die gesellschaftlichen Werte passen sich also nach und nach der kapitalistischen Wirtschaft an, wobei die besondere Verschiebung der gesellschaftlichen Anerkennungsverhältnisse auf monetäre Werte für die kapitalistische Gesellschaft elementar ist. Die klassische Ökonomik, so wie sie sich im Rahmen der schottischen Aufklärung durch David Hume und Adam Smith entwickelte, legte dafür die theoretischen Grundlagen, indem sie zeigte, wie die Marktwirtschaft den gesellschaftlichen Wohlstand steigert. Die Betonung des Individuums, das seinen eigenen Nutzen verfolgt, und der daraus resultierende Wohlstand für alle, der durch die Koordination des Marktes mittels der »unsichtbaren Hand« (Smith 1978: 371) geschehen soll, entfesselten das Erfolgsstreben und die Akkumulation von Kapital. Letztere ist nach Smith notwendig, um Investitionen in technische Neuerungen zu finanzieren, die den Prozess wiederum befördern.

Die historischen Gründe für die Entwicklungen einer kapitalistischen Wirtschaftsordnung werden in der jüngeren Historischen Schule und in der Wirtschaftssoziologie diskutiert (vgl. Kromphardt 2015). Mit Werner Sombarts *Der moderne Kapitalismus* (1902/1927) beginnt die Untersuchung einer kapitalistischen Gesinnung, die durch Erwerbsprinzip, Rationalität und Individualismus charakterisiert ist. Bei Max Weber findet sich im Anschluss daran die (durchaus umstrittene, aber wirkmächtige und allbekannte) religionsphilosophische Deutung der Entwicklung des Kapitalismus: Weber führt die epochale Umwertung der gesellschaftlichen Werte in Nordwesteuropa und den USA darauf zurück, dass der Protestantismus das weltliche Leben unter die Forderung einer »innerweltlichen Askese« (Weber 1988: 190) gestellt habe. Arbeit wird vor allem im Calvinismus zum hauptsächlichen Inhalt einer zielstrebigen, disziplinierten Lebensführung, die entsprechend der Prädestinationslehre im weltlichen Erfolg die ersehnte »Gnadengewissheit« erblickt (siehe oben Kapitel 3.3). Geschäftliche Interessen erfolgreich zu verfolgen, historisch bis dato eher verpönt, wird nun zum Inbegriff eines gottgefälligen Lebens. »Äußeres Ergebnis« der »Entfesselung des Erwerbsstrebens« ist die »Kapitalbildung durch asketischen Sparzwang« (Weber 1988: 192).

Die Deutung Webers ist elegant und durchaus einleuchtend, von Wirtschaftshistorikern und -soziologen jedoch in großen Teilen kritisch diskutiert oder gar widerlegt worden, da der Kapitalismus auch in katholischen Regionen eine erhebliche Dynamik entfalten und sich ebenso dort ausbreiten konnte, wo die christlich-orthodoxen Religionen dominieren (vgl. etwa Cantoni 2015; Lenski 1963). So hat auch Walter Benjamin betont, der Kapitalismus sei nicht als ein bloßer Abkömmling der Religion zu verstehen, sondern selbst eine »essentiell religiöse Erscheinung« (Benjamin 2003: 15); er sei eine so mächtige Erscheinung, dass er das Christentum gar ersetzt habe. Folgt man Benjamin, ist »im Kapitalismus eine Religion zu erblicken, d. h. der Kapitalismus dient essentiell der Befriedigung derselben Sorgen, Qualen, Unruhen, auf die ehemals die sogenannten Religionen Antwort gaben« (ebd.). Ähnlich wie die Entwicklung des Geldes sich in einen solchen Deutungszusammenhang stellen lässt (vgl. Kapitel 3.1), wird auch hier der Mammon als Götze und der Kapitalismus als Ideologie mit einem gesellschaftlichen, lebensweltlichen Heilsversprechen erklärt.

Mit der Entstehung und fortschreitenden Entwicklung des Kapitalismus geraten auch seine Auswirkungen auf die Gesellschaft und seine eigene Krisenhaftigkeit ins Zentrum der Ökonomik. Marx, Keynes und Schumpeter haben das kapitalistische System insbesondere im Hinblick darauf untersucht, dass es immer wieder Entwicklungen in Gang setzt, die sein eigenes Bestehen gefährden oder fragwürdig erscheinen lassen. Zu den Symptomen gehören Wirtschafts- und Finanzkrisen, hohe Arbeitslosigkeit und Entfremdung sowie die Gefährdung gesellschaftlicher, kultureller und ökologischer Systeme durch die Wachstumslogik und einen zur Dominanz neigenden Ökonomismus der kapitalistischen Wirtschaftsordnung (vgl. Krüger 2010).

Schumpeter äußert darüber hinaus eine sehr aktuelle Kritik am Kapitalismus, nämlich dass die Logik eines »immer mehr von allem« kein Garant für Zufriedenheit sei. Nur weil es mehr von allem gibt, folge daraus nicht, dass die Menschen in der industriellen Gesellschaft auch glücklicher seien als etwa im Mittelalter. Auch kritisiert Schumpeter einen spezifischen menschlichen Typus – den rationalen, bloß auf sich und seinen Profit bedachten technokratischen Menschen –, den die kapitalistische Ordnung hervorbringe (vgl. Schumpeter 1993: 211). Schumpeter prophezeite weiter, dass der Kapitalismus auf Dauer nicht bestehen könne: Der für ihn maßgebliche Prozess der »schöpferischen Zerstörung« erfordere bestimmte institutionelle Bedingungen, die zum Ende des 19. Jahrhunderts bestanden hätten, im 20. Jahrhundert aber nicht mehr gegeben seien. Der Hauptantrieb des Kapitalismus ist ein risikofreudiges Unternehmertum, doch bringt er zunehmend Großkonzerne und Verwaltungsbürokratien hervor, die die Grundlagen des Kapitalismus zerstören, indem sie aufgrund ihrer Größe und Behäbigkeit die Dynamik des Wettbewerbs ersticken. Außerdem könne die kapitalistische Wirtschaftslogik zur Erosion der moralischen Fundamente von Gesellschaften führen, auf denen jedoch der Wettbewerb aufbaut und von denen er zehrt. Zwar erkannte Schumpeter in der schöpferischen Zerstörung die Möglichkeit zur Erneuerung dieser Grundlagen, doch ging er davon aus, dass der Erfolg des Kapitalismus letztendlich zu seiner Zerstörung führen müsse.

Die Kritik des Kapitalismus wendet sich weiterhin vor allem gegen die Herrschaftsverhältnisse, die durch die Kapitalakkumulation etabliert werden. Bei Karl Marx und Friedrich Engels ist die frühkapitalistische Gesellschaft weniger durch Fortschritt und Wohlstand als vielmehr durch Elend und Pauperisierung, durch Ausbeutung und Entfremdung geprägt. Den wenigen Kapitaleignern, die vom Kapitalismus profitieren, steht eine Vielzahl von Kapitallosen (Proletariern) gegenüber, die niedrige Löhne und schlechte Arbeitsbedingungen in Kauf nehmen müssen, um zu überleben. Die wirtschaftsphilosophische Analyse des Kapitalismus, die Marx vornimmt, betont die durch die kapitalistische Logik bedingte Veränderung der gesellschaftlichen Werte, die Entfremdung des Arbeiters vom Produkt seiner Arbeit sowie die strukturelle Ohnmacht des Proletariers gegenüber dem Kapitalisten. Marx prophezeite den Niedergang des Kapitalismus aufgrund dessen systematischer Widersprüche und des Elends, das er verursache. Im *Manifest der Kommunistischen Partei* (1986) postulieren Marx und Engels, der Kapitalismus produziere seine eigenen »Totengräber« und müsse in der sozialistischen Revolution untergehen.

Die von Marx inspirierte Frankfurter Schule hat diese Kritik im 20. Jahrhundert fortgeführt und neben den Herrschaftsverhältnissen, in denen Menschen über Menschen herrschen, auch die Beherrschung der Natur durch den Menschen und die technische Vernunft im Kapitalismus kritisch analysiert (Horkheimer/Adorno 1988; Adorno 2014). Ergänzt wird ihre Kritik heute durch Soziologen wie Luc Boltanski und Ève Chiapello (2003), die in ihrem Buch *Der neue Geist des Kapitalismus* die gegenwärtigen Lebens- und vor allem Arbeitsformen im modernen Kapitalismus ideologiekritisch untersuchen. Postmoderne Denker nehmen vor allem die Situation des Individuums in kapitalistischen Herrschaftsverhältnissen und die psychische Gewalt in den Blick, die dieser ausübe (Derrida 2004; Foucault 2006). Weiterhin weisen sie darauf hin, dass die heute bestehende kapitalistische Wirtschaftsordnung den Menschen ausbeute, globale Ungerechtigkeit verursache und für die Zerstörung der Umwelt verantwortlich sei (Hardt/Negri 2003). Untermauert wird diese vielfältige Kritik von kapitalismuskritischen Ökonomen wie Thomas Piketty (2014), der wiederum zeigt, dass die Verteilung der Vermögen global immer ungerechter wird (vgl. Kapitel 3.1).

Sozialismus

Kritiker des Kapitalismus betonen dessen ausschließliche Orientierung an Rationalität und Profit, seine innere Widersprüchlichkeit und Krisenhaftigkeit, das durch ihn bedingte Elend und die Ausbeutung, die Verschärfung der weltweiten Kluft zwischen Arm und Reich sowie die Verursachung von Umweltschäden durch eine kapitalistische Weltwirtschaft. Die Maxime der Gewinnmaximierung und der geforderte optimale Einsatz der Produktionsmittel ließen systembedingt keinen Raum für gewinnfremde Aspekte wie Nachhaltigkeit, Ethik oder soziale Gerechtigkeit. Aus dieser Kritik am Kapitalismus speist sich der Gegenentwurf des Sozialismus als einer Wirtschaftsform, die radikal, quasi bei der Umkehrung der Ordnungsprinzipien des Kapitalismus ansetzt und sich gewissermaßen als dessen Negativfolie verstehen lässt.

»Sozialismus« ist eine zunächst um 1830 in Frankreich verwendete Bezeichnung (›Socialisme‹) für das Ideal einer sozialen Ordnung, in der das Wohl der Gemeinschaft bestimmend ist. Der Begriff wird häufig – auch wenn Marx in ihm nur eine Vorstufe des Kommunismus sah – synonym mit dem Begriff Kommunismus verwendet und von Marx gegen ein individualistisch-kapitalistisches Gesellschaftsmodell in Stellung gebracht. Grundsätzlich bezeichnet der Sozialismus ein »institutionelles System, in dem die Kontrolle über die Produktionsmittel und über die Produktion selbst einer Zentralbehörde zusteht« oder »in dem grundsätzlich die wirtschaftlichen Belange der Gesellschaft in die öffentliche und nicht in die private Sphäre gehören« (Schumpeter 1993: 268). Die Zentralstellen entscheiden darüber, was, wo, wie viel und wie produziert wird und wie das Sozialprodukt verteilt wird, sie teilen Produktionsmittel und Konsumgüter zu und verpflichten die Bürger zur Arbeit (vgl. Eucken 1990: 59).

Genau wie der Kapitalismus rückt auch der Sozialismus zunächst die *wirtschaftlichen Verhältnisse* in den Mittelpunkt und will von dort aus gesellschaftliche Verhältnisse verändern, die sich auf diese Weise quasi zwangsläufig ergeben sollen. Denn der Sozialismus versteht sich nicht bloß als ökonomische Theorie, sondern ist mit bestimmten gesellschaftlichen und kulturellen Vorstellungen verbunden, zu deren Realisierung die wirtschaftliche Sphäre lediglich das Mittel darstellt: »In allerester Linie bedeutet der Sozialismus eine neue kulturelle Welt.« (Schumpeter 1993: 272) Diese Welt zu realisieren soll bei Marx durch die proletarische Revolution gelingen, in der die Ketten der bourgeois-kapitalistischen Welt abgeschüttelt werden und durch die eine klassenlose sozialistische Gesellschaft realisiert wird.

Die sozialistische Kritik am Kapitalismus und die damit verbundene Gestaltung eines Gegenentwurfs beziehen sich deshalb ebenfalls nicht bloß auf eine Wirtschaftsform, sondern verstehen sich als Gesellschaftstheorie, indem sie aufzeigen, dass die in der kapitalistischen Logik vermeintlich natürlichen Eigenschaften der Dinge (zum Beispiel dass ein Gut einen Tauschwert hat) »in Wahrheit auf ein spezifisches Sozialverhältnis, auf eine Beziehung zwischen Personen zurückzuführen sind. Dass eine Sache einen Tauschwert hat, ist ihr nicht ›von Natur aus‹ mitgegeben, sondern hat damit zu tun, dass die Individuen sich als Privateigentümer von Waren gegenübertreten.« (Flechtheim/Lohmann 2003: 113) Diese Konstruktion sozialer Realität durch ökonomische Strukturen zu diskutieren und einerseits ihre Auswirkungen auf Gesellschaft und Kultur, andererseits aber vor allem ihre Veränderbarkeit aufzuzeigen ist das Ziel der sozialistischen Gegenentwürfe zum Kapitalismus.

Ein Hauptkritikpunkt an sozialistischen Konzeptionen von Wirtschaft besteht in der Überzeugung, dass sie grundsätzlich nicht funktionsfähig seien, weil eine zentralisierte Lenkung der Wirtschaft niemals gelingen könne. Eine zentrale staatliche Stelle, sei sie auch noch so umfangreich und mit noch so fähigem Personal besetzt, könne niemals die unzähligen Wünsche aller einzelnen Personen, für die sie planen muss, berücksichtigen. Und selbst wenn sie es könnte, sei dies ohne einen funktionierenden Preismechanismus als Wegweiser einer rationalen Produktion niemals auf so effiziente Weise zu erreichen wie in einem kapitalistischen, dezentralen und marktwirtschaftlichen System. Zudem sei ein System, das so viel Planung und Kalkulation erfordert, nicht in der Lage, unvorhersehbare Entwicklungen wie technische Neuerungen oder Umwelteinflüsse zu erkennen und angemessen darauf zu reagieren (vgl. Eucken 1990: Kapitel 8).

Schumpeter argumentiert ähnlich, auch wenn er den Gedanken formuliert, dass es hypothetisch möglich sei, einen Zustand zu erreichen, in dem der Kapitalismus erschlaffe und dann in eine sozialistische Gesellschaftsform überführt werden könne, weil schließlich genug Daten zur Wirtschaftsrechnung vorlägen, auf deren Grundlage eine zentrale Planung aufbauen könne. Möglich sei dies in einer kapitalistischen Gesellschaft, die »sich die Hörner abgelaufen und ihre Arbeit getan hat und sich einem stationären Zustand nähert« (Schumpeter 1993: 285). Da dieser stationäre Zustand der kapitalistischen Wirtschaft jedoch nicht annähernd erreicht sei oder auch nur in Aussicht scheine, müsse auch dieser Ausgangspunkt für den Sozialismus fragwürdig bleiben.

Mindestens ebenso schwer wie die wirtschaftstheoretischen Argumente wiegen die gesellschaftstheoretischen Einwände gegen den Sozialismus, wie sie schon von Nietzsche (1999b: 307 f.), vor allem aber später musterhaft von Hayek vorgebracht werden (vgl. Hayek 2005). So ist fraglich, wie weit individuelle Freiheiten und die Wünsche Einzelner in einem kollektiven sozialistischen System Berücksichtigung finden können oder eben unterdrückt werden müssen. Auch stellt sich die Frage, ob und wie der Sozialismus mit einer freiheitlichen demokratischen Ordnung vereinbar ist. Zumindest in seinen historischen Erscheinungsformen hat sich der Sozialismus bislang fast immer despotischer Herrschaftselemente bedient.

Kurz nach dem weitgehenden Zusammenbruch des Realsozialismus seit den späten 1980er Jahren stellte der US-amerikanische Politikwissenschaftler Francis Fukuyama die Diagnose, die Alternativlosigkeit des kapitalistischen Systems als historisch einzig beständige und erfolgreiche Wirtschaftsordnung bedeute das *Ende der Geschichte* (1992). Kritiker dieser These wie Dirk Baecker haben dazu angemerkt, die Annahme, der Kapitalismus sei ein für allemal siegreich aus dem Kampf der Systeme hervorgegangen, habe zur Folge, dass die herrschende Gesellschafts- und Wirtschaftsform kaum noch diskutiert werde und auch nicht mehr Gegenstand begründeter politischer Entscheidungen sei (vgl. Baecker 2003: 3). Vereinzelt werden jedoch weiterhin gemäßigte Formen des Sozialismus diskutiert. So entwirft etwa Axel Honneth in *Die Idee des Sozialismus* (2017) eine moderne Konzeption von »sozialer Freiheit«, die die gesellschaftliche Legitimation und demokratische Gestaltung der Wirtschaft in den Vordergrund rückt.

Dritte Wege

Zwischen kapitalistischer Marktwirtschaft und Sozialismus haben sich historisch wie auf der Ebene der Theorie unterschiedliche Mischformen entwickelt. Moderne Varianten des Kapitalismus zielen vor allem darauf, die durch die kapitalistische Wirtschaftsordnung verursachten Missstände und ihre externen Effekte zu beheben oder zu integrieren. Insbesondere die *Soziale Marktwirtschaft* versteht sich dezidiert als Dritter Weg zwischen Kapitalismus und Sozialismus. Zwar basieren die Ordnungsprinzipien des Ordoliberalismus, der die konzeptionelle Vorarbeit zur Sozialen Marktwirtschaft liefert, weiterhin auf Privateigentum und einer marktwirtschaftlichen Wettbewerbsordnung (Eucken 1990), doch treten nun Elemente politischer Gestaltung und Maßnahmen zur Einhegung der kapitalistischen Dynamik durch einen starken Staat, der etwa Monopolbildung verhindert und soziale Sicherungssysteme etabliert, in den Vordergrund. Wirtschaftsphilosophisch interessant ist am Ordoliberalismus, der wirtschaftliche Freiheit und soziale Gerechtigkeit verbindet, einerseits die Diskussion einer Interdependenz verschiedener Ordnungen, d.h. das Bewusstsein dafür, dass die Wirtschaftsordnung immer auch mit anderen gesellschaftlichen Systemen wie etwa der Rechtsordnung und dem politischen System verknüpft ist (Mohr 2018). Andererseits ist der normative Gehalt des Ordoliberalismus, der mit seinen wirtschaftspolitischen Konzepten eine ganz bestimmte Vorstellung von Gesellschaft verbindet, Gegenstand kritischer Diskussionen der Wirtschaftsphilosophie. So muten die Entwürfe der Ordoliberalen bisweilen etwas vormodern und romantisch-naiv an, wenn sie etwa eine Rückkehr zu kleinstädtischen, familiären Lebensformen ausmalen, einer gewissen Demokratieskepsis Ausdruck verleihen oder Familie und Kirchen als Instanzen verstehen, die in der Lage seien, den Egoismus der Marktteilnehmer zu bändigen (vgl. Lorch 2014; Ptak 2004).

Die wirtschaftliche Öffnung der Volksrepublik China in Form einer *sozialistischen Marktwirtschaft* stellt eine andere Variante des dritten Wegs dar und zeichnet sich durch eine entgegengesetzte Verbindung der beiden Wirtschaftsformen aus. In der sozialistischen Marktwirtschaft gelten zwar in einigen Bereichen Privatbesitz und freie Preise, die Marktwirtschaft ist jedoch in weiten Teilen einer staatlichen Kontrolle unterworfen. Zudem soll öffentliches Eigentum weiterhin Vorrang vor privatem haben. Gemäß der Staatsdoktrin stellt die sozialistische Marktwirtschaft ein Übergangsstudium zu einer vollsozialistischen Gesellschaft dar und gilt als Mittel zum Zweck, um China auf dem Weg zum Kommunismus voranzubringen.

3.6 Staat, Wirtschaft und Gesellschaft

Die Wirtschaft stellt einen eigenen Handlungsbereich dar, der sich von Staat und Gesellschaft abgrenzen lässt. Im Unterschied zum Staat, der durch politische Organisation die öffentlichen Angelegenheiten koordiniert, und der Gesellschaft, die aus der sozialen Interaktion der Bürger in privaten und öffentlichen Angelegenheiten besteht, bildet die Wirtschaft ein Feld vornehmlich privater ökonomischer Transaktionen, die aus Sicht der neoklassischen Theorie im wesentlichen durch den Markt koordiniert werden. Das dieser Gliederung entsprechende Drei-Sektoren-Modell von Staat, Gesellschaft und Markt hat sich indes im Lauf der Zeit gewandelt, wird von verschiedener Seite kritisiert und unterliegt strukturellen Veränderungen, die für eine wirtschaftsphilosophische Betrachtung der Ökonomie und der politischen Rolle von Marktakteuren relevant sind.

Die moderne Struktur der Wirtschaft, wie sie sich im 18. Jahrhundert herausgebildet hat, besteht im Kern aus den Bereichen der Produktion, der Distribution und der Konsumtion (Marx 1953). Zu ihren wichtigsten Akteuren und Einrichtungen gehören Unternehmen, Verteilungswege und Verbraucher, die auf entsprechendes Kapital, Arbeit und Ressourcen angewiesen sind. Der Markt bildet, wie in Kapitel 3.1 beschrieben, die zentrale Koordinationsinstanz, die nach neoklassischer Theorie durch ein freies Spiel der Marktkräfte für die optimale Allokation von Gütern und die Erzeugung von Wohlstand sorgt. Wie im vorigen Kapitel dargestellt, sieht sich eine rein von den Marktkräften bestimmte freie Marktwirtschaft heute verschiedenen anderen Modellen gegenüber, zu denen neben dem Sozialismus und den aus Kapitalismus und Sozialismus hervorgegangenen Mischformen auch die Soziale Marktwirtschaft gehört.

Die Verfassung der Wirtschaft ist bis heute von ihrem Verhältnis zum Staat und zur Gesellschaft geprägt, wobei sich historisch immer stärkere Überschneidungen, Interdependenzen und Grenzüberschreitungen zwischen den Sektoren beobachten lassen. Während der klassische Liberalismus von einem Gleichgewicht ökonomischer und gesellschaftlicher Kräfte ausging, für deren Regulierung der Staat einen gesetzlichen Rahmen schafft, stellt der Neoliberalismus ab Mitte des 20. Jahrhunderts die Selbstregulierung der Märkte in den Vordergrund, die der neoliberalen Doktrin entsprechend am besten ohne den Staat funktionieren, dafür aber auf eine von Eigenverantwortung geprägte Zivilgesellschaft angewiesen sind (Hayek 2005; Willke 2003). Das sozialdemokratische Modell wiederum setzt auf einen Wohlfahrtsstaat, der auf einer gesteuerten Wirtschaftspolitik und regulierten Märkten beruht, die in erster

Linie der Versorgung und Absicherung der Bürger dienen (Zürn 1998).

Vor dem Hintergrund des grundsätzlichen Konflikts von Markt und Staat und der von jeweils einem der beiden Elemente dominierten Gesellschaftsformationen wird am Ende des 20. Jahrhunderts zunehmend nach »dritten Wegen« zwischen »linker« Sozialdemokratie und »rechtem« Neoliberalismus (Giddens 1999) gesucht, die neue Mischformen zwischen Staat, Markt und Zivilgesellschaft begründen sollen. Die Grundidee besteht darin, die Institutionen des Wohlfahrtstaats zu modernisieren, ohne sie dem Markt zu unterwerfen und ohne dabei Normen der Solidarität und Gleichheit aufzugeben. Öffentliche Leistungen sollen verstärkt in Kooperation mit privaten Unternehmen erbracht und Aufgaben von allgemeinem Belang vermehrt durch eine aktive Zivilgesellschaft erbracht werden. Reformprogramme wie etwa die Agenda 2010 der rot-grünen Regierung unter Gerhard Schröder verfolgten das Ziel, durch Methoden von New Management und Public Private Partnership den Staat effizienter zu gestalten und zugleich die Eigenverantwortung der Bürger zu fördern (Heidbrink/Hirsch 2006).

Das Modell einer aus staatlichen und marktwirtschaftlichen Elementen gemischten Wirtschaft, das Synergieeffekte von öffentlichem und privatem Sektor erzeugen soll und die Dynamik von Märkten für politische Ziele nutzen will, wird allerdings sowohl von linker wie von rechter Seite kritisch beurteilt. Von links wird die Wohlfahrtspolitik dabei als staatliche Investition in ein kapitalistisch verwertbares Humankapital und eine »postdemokratische« Unterwanderung des Staates durch Unternehmen kritisiert, die durch Lobbyismus politischen Einfluss nehmen. Vom neoliberalen Standpunkt aus wird dagegen strikt an der wirtschaftlichen Neutralität des Staates und den Wirkungen marktlicher Wohlfahrtseffekte festgehalten, die durch ökonomisches Wachstum entstehen (vgl. Crouch 2008, 2011). Die Ambivalenzen einer solchen gemischten Wirtschaftsform, die als Ökonomisierung der Politik zurückgewiesen und zugleich als Vermarktlichung der Politik begrüßt wird, ruft die Frage hervor, in welchem spezifischen Verhältnis insbesondere Unternehmen, Staat und Politik zueinander stehen.

Unternehmen, Staat und Politik

Die Rolle, die Unternehmen in diesen Zusammenhängen spielen, wurde (ähnlich wie die der Konsumenten) in den Wirtschaftswissenschaften lange vernachlässigt. Nach der neoklassischen Theorie reichen der freie Zugang zu Informationen und ein perfekter Wettbewerb aus, damit Unternehmer die richtigen Entscheidungen am Markt treffen. Wozu sind Unternehmen also nötig? Idealtypischerweise lassen sich vier Theorien des Unternehmens unterscheiden: Aus institutionenökonomischer Sicht (Coase 1937; Williamson 1990) senken Unternehmen die Transaktionskosten, da sie als hierarchisch koordinierte Organisationen gegenüber Märkten effektiver mit Ressourcen umgehen (etwa durch eigene Kontrolle der Arbeitsqualität) und wirksamere Ordnungsstrukturen aufbauen (zum Beispiel auf Zulieferer zurückgreifen), als dies anderen Organisationsformen möglich ist. Aus organisationsökonomischer Sicht beruhen Unternehmen auf einem Netzwerk von Verträgen (Jensen/Meckling 1976), durch das Verhältnisse zwischen Auftraggeber (»Principal«) und Auftragnehmer (»Agent«) geregelt und Ansprüche formalisiert werden (etwa Lohn oder Entschädigungen), sodass die jeweiligen Interessen auf vernünftige Weise balanciert sind. Aus soziologischer Sicht sind Unternehmen zweckrationale Organisationen, die in die Gesellschaft integriert sind und mit Interessengruppen und Stakeholdern (Freeman 1984) wie Kunden, Behörden und NGOs interagieren. Aus systemtheoretischer Sicht handelt es sich bei Unternehmen um funktional ausdifferenzierte soziale Teilsysteme (Luhmann 1994), die ökonomischen Codes (Gewinne vs. Verluste) folgen und sich nur indirekt durch politische Kontextsteuerung oder die interne Gestaltung der Organisation (etwa die Unternehmenskultur) lenken lassen (vgl. Berghoff 2016: 41 ff.; Hiß/Nagel 2017: 336 ff.).

Unternehmen stellen also spezifische Organisationsformen dar, die anders als der Staat und die Gesellschaft primär am Markt agieren, gleichzeitig aber Leistungen erbringen, die der Markt selbst nicht zur Verfügung stellt. Durch die Globalisierung und den damit einhergehenden Funktionswandel der Nationalstaaten hat sich die Beteiligung an öffentlichen Aufgaben nicht nur vom Staat auf die Zivilgesellschaft, sondern auch auf privatwirtschaftliche Unternehmen verlagert, die in wachsendem Maß zu Koproduzenten des Gemeinwohls werden (Schuppert 2008). Die Adressierung und Einbindung von Unternehmen durch den Staat ist erforderlich geworden, weil der klassische Nationalstaat mit Blick auf zentrale Aufgaben – den Marktzugang zu gewährleisten, die Verlagerung privater Kosten auf die Gesellschaft zu reduzieren und sozial unerwünschte Marktfolgen zu korrigieren – an Grenzen stößt (vgl. Zürn/Weidner 2009: 158 ff.). Mittelständische Firmen und transnationale Konzerne übernehmen hier zunehmend Leistungen, die zuvor in den Bereich der staatlichen Daseinsvorsorge und der Gemeinwohlproduktion fielen.

Im Rahmen dieser Entwicklung hat die Kooperation staatlicher und nicht-staatlicher Organisationen zu internationalen Standardisierungen und Zertifizierungen geführt, zu denen etwa die OECD- und ILO-Leitlinien, soziale und ökologische ISO- und DIN-Normen sowie Managementsysteme und Verhaltenskodizes wie die Business Social Compliance Initiative (BSCI) oder das Forest Stewardship Council (FSC) gehören. Darüber hinaus schließen sich immer mehr Unternehmen, gesellschaftliche Akteure und staatliche Einrichtungen zu Multistakeholder-Initiativen zusammen, die beispielsweise in Gestalt des Global Compact, der UN Guiding Principles on Business and Human Rights oder der Global Business Initiative on Human Rights politische Regelungsleistungen erbringen, zu denen der Nationalstaat allein nicht in der Lage ist. Ein weiterer Weg zur Sicherung entsprechender Standards besteht darin, dass Unternehmen sich selbst auf soziale und ökologische Richtlinien wie die ISO 26000 verpflichten oder durch die EU-Kommission und nationale CSR-Programme zur Übernahme gesellschaftlicher Verantwortung gebracht werden (Hahn et al. 2012).

Die veränderte gesellschaftliche und politische Rolle von Unternehmen, die sich in Begriffen wie Global Governance, Corporate Governance und Public Private Governance widerspiegelt, ist Ausdruck einer neuen Verantwortungsteilung zwischen öffentlichem und privatem Sektor, bei der Firmen und Konzerne eine vermittelnde Position zwischen marktkonformen und politikstrategischen Steuerungsformen einnehmen. Die Wahrnehmung vormals staatlicher Steuerungsaufgaben in den Bereichen des Umweltschutzes, der Arbeits- und Sozialstandards, der öffentlichen Sicherheit und der Korruptionsvermeidung resultiert dabei nicht nur aus ökonomischen Nutzenkalkülen, sondern ebenso aus moralischen und politischen Gründen, zumal zahlreiche der übernommenen Aufgaben und Selbstverpflichtungen nicht mit direkt nachweisbaren wirtschaftlichen Vorteilen verbunden sind (vgl. Vogel 2006: 16 ff.).

Unternehmen beteiligen sich deshalb an öffentlichen Diskursverfahren wie dem nationalen CSR-Forum der Bundesrepublik oder der Entwicklung der ISO 26000 nicht nur aus wettbewerblichen Gründen, sondern auch aus Gründen der Prävention von Systemkrisen, die durch die wachsende Ressourcenknappheit, den demografischen Wandel und soziale Integrationsprobleme entstehen können. Sie engagieren sich für den Klimaschutz und nehmen Nachhaltigkeitsziele in ihre Geschäftspraxis nicht nur aus Kosten- und Reputationsgründen auf, sondern auch, um auf diese Weise sozialen und politischen Risiken der Migration oder territorialen Konflikten durch Rohstoff- und Wassermangel entgegenzuwirken. Multinationale Konzerne setzen sich für globale Regelwerke entlang von Lieferketten wie die Global Reporting Initiative (GRI) ein und unterstützen in ihren Zulieferer- und Produktionsländern die Einhaltung der Menschenrechte nicht allein, um politische Stabilität und die Herausbildung demokratischer Institutionen in Krisenregionen zu fördern, sondern auch aus moralischen und ordnungsrechtlichen Gründen.

Privatwirtschaftliche Unternehmen treten somit als Koproduzenten von Staatlichkeit auf, die von der Mitentwicklung sozialer Standards über die Beteiligung an Sicherheitsleistungen bis zur Infrastrukturversorgung für eine gesellschaftlich relevante Erzeugung öffentlicher Güter und Dienste sorgen, auch wenn dies, wie etwa bei der Wahrung von Menschenrechten, eigentlich nicht im legitimen Handlungsbereich von Unternehmen liegt (Hsieh 2015). Dabei übernehmen Unternehmen nicht nur aus ökonomischen Gründen politische Governance-Aufgaben, sondern auch aus Gründen der aufgeklärten Selbsterhaltung, indem deren Wahrnehmung zu einer normativen Stabilisierung der gesellschaftlichen Voraussetzungen beiträgt, die ihnen ihre eigenen Operationsbedingungen ermöglichen.

Transformationen des Wirtschaftssystems

Diese Entwicklung einer veränderten Rollenverteilung von staatlichen und privatwirtschaftlichen Akteuren ist Teil einer generellen Transformation des Wirtschaftssystems, bei der sich die ökonomische Verantwortung von Marktakteuren zunehmend mit ihrer gesellschaftlichen Verantwortung verbindet (Köhne 2017a). Sie ist allerdings nicht unproblematisch, da es sich bei den zugrunde liegenden Motiven von Marktakteuren nicht immer eindeutig um die moralischen, sozialen oder ökologischen Motive handelt, als die sie sich ausgeben, und in vielen Fällen Unternehmen unter dem Deckmantel der Nachhaltigkeit und der gesellschaftlichen Verantwortung sogenanntes Greenwashing betreiben bzw. ihre ökonomischen Eigeninteressen verfolgen.

Davon auszugehen, dass wirtschaftliche Akteure sich für einen nachhaltigen gesellschaftlichen Wandel einsetzen, wenn sie nicht auch eigene Vorteile davon haben, wäre allerdings illusorisch. Die Erbringung öffentlicher Leistungen und die Einhaltung sozialer und ökologischer Standards müssen dabei nicht notwendig im Widerspruch zum wirtschaftlichen Eigeninteresse stehen, wenn sie aus Gründen einer systemischen Verantwortung geschehen, die auf die Stabilisierung und Aufrechterhaltung marktpolitischer Operationsbedingungen gerichtet ist (Heidbrink 2012).

Unternehmen und andere Marktakteure können vor allem dann effektiv und verlässlich zur Unterstützung der gesellschaftlichen Wohlfahrt beitragen, wenn sie dies mit dem Ziel tun, durch die Verminderung gesellschaftlich relevanter Risiken wie Umweltschäden, Ungleichheit oder Diskriminierung ihre ökonomischen Existenzbedingungen zu sichern. Es ist das Interesse an einer gesellschaftlich verträglichen Transformation des Wirtschaftssystems, das dazu führt, dass privatwirtschaftliche Unternehmen sich an staatlichen Aufgaben der Erfüllungs-, Gewährleistungs- und Infrastrukturverantwortung beteiligen. Für Unternehmen ist es langfristig vorteilhafter, politische Mitverantwortung nicht nur aus marktwirtschaftlichen Nutzengründen zu übernehmen, sondern damit das Ziel der Vermeidung gesellschaftlicher Krisenprozesse zu verfolgen.

Die besondere gesellschaftliche und politische Rolle von Unternehmen und Marktakteuren besteht also darin, die Systembedingungen aktiv mitzugestalten, die Voraussetzung für ihr ökonomisches Handeln sind. Auf diese Weise unterliegt das Drei-Sektoren-Modell von Staat, Markt und Gesellschaft selbst einer Transformation, die zu neuen Überschneidungen zwischen den Sektoren geführt hat und vormals bestehende genaue Abgrenzungen nicht mehr ohne Weiteres zulässt. Staat, Markt und Gesellschaft greifen auf komplexe Weise ineinander über und erzeugen immer wieder neue »Aushandlungsprozesse« (Hiß/Nagel 2017: 332) hinsichtlich der Frage, wie sich das Wirtschaftssystem mit Blick auf die Grenzen zwischen Politik, Unternehmen und Zivilgesellschaft verantwortlich gestalten lässt. Privaten Unternehmen fällt dabei aufgrund der nachlassenden Steuerungskraft des Nationalstaats eine spezifische Mitverantwortung zu, wirtschaftliche und politische Zielsetzungen so zu berücksichtigen, dass eine gesellschaftlich vorteilhafte Wertschöpfung entsteht.

Mit der Benennung dieser neuen Ansprüche, die sich den Unternehmen stellen, ist allerdings noch nicht gewährleistet, dass Unternehmen und andere Marktakteure wie Aktionäre, Investoren oder Konsumenten die erforderliche Zuständigkeit, Legitimation und Fähigkeit zur Übernahme politischer Mitverantwortung auch tatsächlich besitzen. Dies zu bestimmen setzt jeweils genauere Analysen zu der Frage voraus, inwieweit Unternehmen und anderen Marktakteuren die Verursachung systemischer Risiken zugerechnet werden kann, sie die Legitimation besitzen, politische und öffentliche Aufgaben zu übernehmen und inwiefern sie über die praktischen Kompetenzen verfügen, diese Aufgaben auch professionell und wirksam umzusetzen.

Aus Sicht einer transformativen Systemverantwortung ist es angebracht, von Unternehmen und anderen Marktakteuren eine

Änderung ihrer Verhaltensweisen immer dann zu erwarten, wenn diese nachweislich zu Gemeinwohlschäden und zur Belastung öffentlicher Güter führen (etwa durch die Externalisierung von Kosten). Darüber hinaus besitzen Unternehmen und andere Marktakteure die Legitimation, politische Co-Governance zu übernehmen, wenn sie im Rahmen rechtlicher Ordnungen und auf der Grundlage demokratischer Verfahren mit der Umsetzung gesellschaftlicher Aufgaben mandatiert werden. Die Legitimation und Mandatierung privater Regulationsregime ergeben sich dabei nicht allein durch die interessengeleitete Beteiligung an der Bestimmung von Marktregeln und Wettbewerbsbedingungen, sondern setzen komplexe Prozeduren der Verantwortungsteilung, der Einbeziehung von Stakeholdern sowie der Bezugnahme auf anerkannte soziale Normen voraus und erfordern die Moderation durch demokratische Institutionen (Scherer et al. 2006).

Dass Unternehmen und andere Marktakteure überhaupt die Fähigkeit besitzen, sich um gesellschaftliche Belange und Aufgaben zu kümmern, ist letztendlich nicht selbstverständlich. Genau genommen haben sie erst dann die Fähigkeit, sich als staatliche Co-Akteure an Prozessen der öffentlichen Regelfindung und -durchsetzung zu beteiligen, wenn sie über quasi-politische Handlungskompetenzen verfügen und die Wirksamkeit privater Selbstregulierungen gewährleistet ist. Während sich die Wirksamkeitsforderung darauf bezieht, dass die Selbstverpflichtung auf nachhaltige Handlungsziele vertrauenswürdig und zuverlässig ist, setzen die politischen Handlungskompetenzen voraus, dass Marktakteure die Rolle von »Wirtschaftsbürgern« (vgl. Ulrich 2002: 101 ff.) übernehmen und entsprechende Fähigkeiten als Corporate Citizen oder Consumer Citizen ausbilden, wozu unter anderem unternehmens-, investoren- und konsumentenethische Maßnahmen in der Wirtschafts- und Bildungspolitik beitragen können.

Damit ergibt sich folgendes Fazit: Auch wenn die Wirtschaft einen eigenen Handlungsbereich darstellt, der sich vom Staat und von der Gesellschaft abgrenzen lässt, tragen Unternehmen und andere Marktakteure aufgrund der Herausbildung globaler wirtschaftlicher Netzwerke und der nachlassenden Steuerungskraft des Nationalstaats nicht nur die politische Mitverantwortung für wettbewerbliche Rahmenordnungen, sondern besitzen ebenso eine grundlegende Mitverantwortung für die Aufrechterhaltung der gesellschaftlichen Systembedingungen. Es liegt im langfristigen Interesse wirtschaftlicher Akteure, diese Mitverantwortung nicht nur aus Gründen der Investition in zukünftige Kooperationsbedingungen zu übernehmen, sondern auch mit dem Ziel der nachhaltigen Transformation gesellschaftlich relevanter Systemprozesse. Die Frage, ob bei der Übernahme gesellschaftlicher Verantwortung und der Beteiligung an öffentlichen Aufgaben primär ökonomische oder ethische Motive im Vordergrund stehen, ist dabei nicht immer einfach zu beantworten. Neben der Auseinandersetzung mit der politischen Rolle wirtschaftlicher Akteure steht deshalb auch das Verhältnis von Ethik und Ökonomie im Zentrum der Wirtschaftsphilosophie, das im folgenden Kapitel behandelt wird.

4. Zum Verhältnis von Wirtschaftsphilosophie und Wirtschaftsethik

Eine zentrale Aufgabe der Wirtschaftsphilosophie liegt in der Auseinandersetzung mit dem Verhältnis von Ethik und Ökonomie bzw. den ethischen und ökonomischen Handlungsprämissen von Individuen und Organisationen. Die Wirtschaftsphilosophie behandelt dieses Verhältnis auf besondere Weise durch die Subdisziplin der Wirtschaftsethik, die eine Reflexion der Möglichkeiten und Grenzen normativer Regulierung von Handlungen der Wirtschaftsakteure sowie die Einbettung des Wirtschaftens in die Gesellschaft mit ihren sozialen, politischen und ökologischen Anforderungen zum Gegenstand hat und in diesem Kapitel vorgestellt werden soll. Doch ist das Verhältnis zwischen Ökonomie und Ethik damit keineswegs erschöpfend behandelt: Vielmehr beinhaltet die wirtschaftsphilosophische Behandlung dieses Verhältnisses eine Metakritik beider Gegenstandsbereiche. Denn die wirtschaftsphilosophische Perspektive umfasst nicht nur eine Kritik und Erweiterung ökonomischer Prämissen, sondern, wie im Folgenden gezeigt wird, umgekehrt auch eine Kritik moralischer Prämissen. Deshalb nimmt dieses Kapitel zunächst das Verhältnis von Ethik und Ökonomie auf einer Metaebene in den Blick, um sich dann der Wirtschaftsethik als einer relevanten Subdisziplin der Wirtschaftsphilosophie zu widmen.

4.1 Ethik und Ökonomie: Spannungen – Interdependenzen – Interaktionen

Angesichts der zunehmenden Komplexität von Märkten, ihrer transnationalen Verwobenheit und interkultureller Handlungskontexte in einer globalisierten Welt bildet das Verhältnis zwischen Ethik und Ökonomie einen wichtigen Reflexionsgegenstand für die Wirtschaftsphilosophie. Denn nicht nur die größere Komplexität von Handlungsspielräumen stellt neue Herausforderungen an die Betrachtung des Verhältnisses von Ethik und Ökonomie, sondern auch die aus der Komplexität resultierende Ungewissheit, die die Zuverlässigkeit von Wahrscheinlichkeitsanalysen und Zukunftsprognosen in wirtschaftlichen Zusammenhängen einschränkt. Vor dem Hintergrund der Ungewissheit der Zukunft und der damit einhergehenden Unvorhersehbarkeit der Konsequenzen von Entscheidungen sowie der Notwendigkeit des Umgangs mit nicht-intendierten Handlungsfolgen besteht die besondere Herausforderung für die Wirtschaftsphilosophie darin, das Verhältnis der beiden Gegenstandsbereiche kritisch zu analysieren und sich mit den ethischen sowie ökonomischen Erfordernissen des Handelns gleichermaßen zu befassen. Dabei lässt sich dieses Verhältnis aus zwei Perspektiven betrachten: mit Blick auf die *Spannung* und mit einem Fokus auf die *Interdependenz* zwischen ethischen und ökonomischen Prinzipien. Aus einer weiteren Perspektive soll hier die *Interaktion* zwischen Ethik und Ökonomie anhand empirischer und normativer Forschungsansätze behandelt werden.

Die Wirtschaftsphilosophie bietet insofern eine Erweiterung der klassischen normativen Perspektive der praktischen Philosophie und folgt nicht einer deontologischen Pflichtenethik, nach der die tatsächliche Realisierung eines moralischen Prinzips für seine prinzipielle Geltung und Allgemeingültigkeit keine entscheidende Relevanz hat. Eine deontologische, auf kategorische Geltungsansprüche bezogene Position ermöglicht zwar zu überprüfen, welche Normen eine praktische Umsetzung finden, sie lässt jedoch keine Rückschlüsse von der Umsetzung auf die Beschaffenheit und Gültigkeit der Normen und keine kritische Betrachtung der Moral selbst zu. Moralkritik und die darauf aufbauende Reflexion moralischer Grundbegriffe und Prämissen bieten jedoch, wie im Folgenden gezeigt wird, eine wichtige Voraussetzung dafür, die Beziehung zwischen ökonomischen und ethischen Prinzipien genauer zu analysieren.

Spannungen zwischen ökonomischen und ethischen Prinzipien

Die Wirtschaftsphilosophie bietet Raum für die Diskussion von Konzepten, die ein Gegengewicht zur Logik des wirtschaftlichen Handelns im Sinne der rationalen Entscheidung sowie der Nutzenmaximierung bilden (siehe Kapitel 3.4). Dadurch wird unter anderem die Möglichkeit eröffnet, sich auf metaethischem Weg mit der als »imperialistisch« (Stigler 1984) erscheinenden Dynamik der Marktlogik auseinanderzusetzen. Auf diese Weise ermöglicht die Wirtschaftsphilosophie eine kritische Erwägung von Konzepten, die eigentlich nicht der Ökonomik zugerechnet werden, die jedoch durch ihre der ökonomischen Rationalität konträren Dimensionen dazu geeignet sind, einen Raum für ethisches Handeln zu schaffen und das komplexe Verhältnis von Wirtschaft und Ethik auszuloten.

So betont etwa Niklas Luhmann, dass durch die Begriffe Wirtschaft und Ethik unterschiedliche Funktionssysteme der Gesellschaft angesprochen werden, die ihrer jeweiligen Eigenrationalität folgen. Zwar stellt Luhmann unter diesem Gesichtspunkt den Begriff »Wirtschaftsethik« als solchen infrage (Luhmann 1993: 134 ff.), räumt jedoch ein, dass durch die Herausbildung neuer

Erwartungsstrukturen eine strukturelle Kopplung zwischen unterschiedlichen gesellschaftlichen Subsystemen erfolgen kann, die eine Ausdifferenzierung der Systeme im Hinblick auf spezifische Erfordernisse – wie beispielsweise den Umgang mit unvorhergesehenen Krisen oder veränderten ökologischen Anforderungen – ermöglicht (Luhmann 1990).

Anders als Luhmann bestimmt Kurt Röttgers (2014) das Spannungsfeld zwischen Ökonomieprinzip und Kulturprinzip durch die Möglichkeit, in die Logik der Nutzenmaximierung einzugreifen und Handlungsspielräume zu eröffnen, die nicht abschließend durch die Nutzenmaximierung bestimmt sind. Dabei ist das Kulturprinzip im Gegensatz zum Ökonomieprinzip durch die Möglichkeit des zeitlichen Aufschubs sowie die Aussetzung einer unmittelbaren Zweckrationalität gekennzeichnet. So schafft beispielsweise Muße einen Reflexionsspielraum für die Betrachtung des Sinns von Arbeit und erweitert die Perspektive auf den übergeordneten Zweck des Wirtschaftens (Röttgers 2004; 2014a; 2014b). Michael Walzer (1992) und Michael Sandel (1998) betonen die Spannung zwischen ethischen und ökonomischen Prinzipien aus der Perspektive der politischen Philosophie. Sie fordern den Schutz von sozialen Bereichen, die nicht durch ökonomische Grundsätze bestimmt sein sollen, etwa durch politische Regulierungsmaßnahmen (siehe Kapitel 3.4). So benennt Walzer eine »komplexe Gleichheit« (Walzer 1992: 46 ff.) als ein wichtiges Ziel der Demokratie. Komplexe Gleichheit bedeutet unter anderem, dass der Machtbereich der wirtschaftlichen Sphäre nicht im Zuge einer von Walzer kritisierten Kommodifizierung von Lebensbereichen auf andere soziale Sphären wie zum Beispiel das Bildungssystem oder das Gesundheitswesen ausgeweitet werden soll. Insbesondere die Instrumentalisierung ethischer und sozialer Normen zum Zwecke einer ökonomischen Nutzenmaximierung bezeichnet er in diesem Zusammenhang als »Korruption« (Walzer 1992: 218, vgl. dazu auch ebd.: 50).

Interdependenz zwischen ökonomischen und ethischen Prinzipien

Neben der Betrachtung des Spannungsverhältnisses zwischen ethischen und ökonomischen Konzepten ermöglicht die Wirtschaftsphilosophie auch eine erweiterte Perspektive auf diejenigen Ansätze, die ethisches Handeln auf der Grundlage des Eigeninteresses und des Modells des Homo oeconomicus entwickeln. Dies ist beispielsweise bei Adam Smith der Fall, der davon ausgeht, dass das Zusammenwirken der nutzenmaximierenden Eigeninteressen vieler Individuen zu gesellschaftlichem Wohlstand führt (siehe Kapitel 3.3). Es handelt sich dabei um eine Position, die auch in der zeitgenössischen Wirtschaftsethik vertreten wird, wo vor allem die Ordnungsethik annimmt (Homann/Lütge 2013), dass die Ethik angesichts der nutzenmaximierenden Zielsetzung wirtschaftlichen Handelns ihren Ort auf der Ebene des regulativen Rahmens von Regelsetzungen und institutionellen Ordnungsstrukturen hat und dort in einer positiven Wechselbeziehung mit wirtschaftlichen Zielsetzungen steht, insofern sie gewünschte Effekte (wie Wohlstand) katalysiert.

Während die genannten Positionen die Interdependenz zwischen Wirtschaft und Ethik positiv auffassen, bildet auch die Kritik an einer oftmals unausgewiesenen Vermischung von ethischen und ökonomischen Prinzipien einen wichtigen Topos in der wirtschaftsphilosophischen Diskussion. Diese Kritik lässt sich insbesondere anhand des Begriffs der Gerechtigkeit nachzeichnen, den schon Friedrich Nietzsche als das Ergebnis einer Verflechtung von ökonomischen und ethischen Motiven beschrieben hat. So nimmt Nietzsche das christliche Prinzip der Erbsünde und die mit ihm verbundene Wirkmächtigkeit des Gedankens einer unendlich abzuzahlenden Schuld ins Visier und geht davon aus, dass es das Prinzip des Ausgleichs im Sinne einer Abzahlung von Schulden ist, das in der und durch die Moral

wirkt und den Kern des abendländischen Verständnisses des Begriffs Gerechtigkeit bildet: »Das Gefühl der Schuld, der persönlichen Verpflichtung [...] hat [...] seinen Ursprung in dem ältesten und ursprünglichsten Personen-Verhältniss, das es giebt, gehabt, in dem Verhältniss zwischen Käufer und Verkäufer, Gläubiger und Schuldner [...]. Man hat keinen noch so niedren Grad von Civilisation aufgefunden, in dem nicht schon etwas von diesem Verhältnisse bemerkbar würde. Preise machen, Werthe abmessen, Äquivalente ausdenken, tauschen – das hat in einem solchen Maasse das allererste Denken des Menschen präoccupirt, dass es in einem gewissen Sinne das Denken ist.« (Nietzsche 1999d: 305f.)
Die Moralkritik Nietzsches lässt sich auf exemplarische Weise als eine Kritik der Interdependenz zwischen ethischen und ökonomischen Prinzipien verstehen, durch die das Prinzip der Schuld und das auf dem Gedanken der Äquivalenz beruhende Konzept der Gleichheit zum Grundpfeiler der Gerechtigkeit werden, die dadurch politischen Machtinteressen ausgesetzt ist (ebd: 306f.).

Nietzsches Kritik, die zeigt, inwiefern Moral konstitutiv durch ökonomische Prinzipien, insbesondere durch den Ausgleich von Schulden bestimmt ist, wird durch die Kapitalismuskritik von Max Weber (2010) und Walter Benjamin (2003) aufgegriffen, die zeigen, dass ökonomische Prinzipien wie Schulden, Wohlstand und Wachstum entscheidend durch moralische und nicht zuletzt religiöse Konzepte bestimmt sind. Ein prominentes Beispiel hierfür ist das von Weber beschriebene protestantische Konzept der Gnadenwahl, das einen Motor für die maßlose Anhäufung von Kapital und das nicht allein rational zu erklärende, bis zur völligen Erschöpfung von vorhandenen Ressourcen führende Streben nach Wachstum bildet. Die Erklärung dieses maßlosen Strebens durch die Vorstellung, dass Reichtum Ausdruck eines gottgefälligen Lebens ist, eröffnet die ideengeschichtliche Möglichkeit, das Wachstumskonzept unter ethischen Gesichtspunkten zu rekonstruieren (siehe Kapitel 3.3).

Eine wesentliche Leistung der wirtschaftsphilosophischen Betrachtungsweise liegt somit darin, dass sie nicht nur eine kritische Reflexion von ökonomischen Prinzipien leistet, sondern auch umgekehrt die Prämissen der Moral kritisch reflektiert und deren Verflechtung mit ökonomischen Prinzipien in den Blick rückt. Eine solche Analyse ermöglicht es, den tatsächlichen Sinn sowohl moralischer als auch ökonomischer Konzepte neu zu reflektieren und irrationale Motive eines vermeintlich ökonomischen, aber auch ethischen Handelns zu hinterfragen, wie es beispielsweise im Verhältnis von ökonomischer Schuld und moralischen Schulden oder im modernen Streben nach Wachstum zum Ausdruck kommt.

Interaktionen zwischen ökonomischen und ethischen Prinzipien – das Spannungsfeld zwischen theoretischer und empirischer Betrachtung

Der Zusammenhang zwischen den normativen Voraussetzungen ethischen Handelns und der tatsächlichen Verwirklichung ethischer Normen innerhalb der Wirtschaft wird durch die Wirtschaftsphilosophie sowohl ökonomiekritisch als auch moralkritisch rekonstruiert. Vor diesem Hintergrund besteht die dritte Perspektive der Wirtschaftsphilosophie darin, das Verhältnis von ethischen und ökonomischen Prinzipien im Spannungsfeld zwischen der theoretischen und der empirischen Betrachtungsebene zu analysieren.

Dies lässt sich auf exemplarische Weise an der Kritik am Homo oeconomicus zeigen, wie sie von Herbert Simon oder Daniel Kahneman und Amos Tversky aus kognitions- und verhaltenswissenschaftlicher Sicht entwickelt wurde (siehe Kapitel

3.4). Die methodischen Einwände haben deutlich gemacht, dass eine wechselseitige Ergänzung von theoretischen und empirischen Ansätzen zur exakteren Beschreibung des Verhältnisses zwischen Ökonomie und Ethik erforderlich ist. In diesem Sinne hatte bereits John Stuart Mill (2008) darauf hingewiesen, dass eine theoretische Erfassung des normativen Rahmens moralischer Handlungen durch empirische Verfahren ergänzt werden müsse (siehe Kapitel 2.3). Mills Argument lautete, dass eine ausschließliche Konzentration auf die Theorie zu einer verengten Perspektive auf den Problemgegenstand führen kann, da sich die Ursachen und Konsequenzen bei der Rahmenanalyse von Handlungen nicht immer eindeutig abschätzen lassen. Nach Mill muss bei nicht-intendierten Handlungskonsequenzen schon auf der theoretischen Ebene mit nicht vorhergesehenen Störfaktoren gerechnet werden, die erst ein empirischer Zugang offenlegt. So bemerkt Mill, dass die Diskrepanz zwischen theoretischen Vorüberlegungen und der konkreten Realisierung moralischer Handlungen oftmals daraus resultiert, dass die Theorie die Komplexität der in der Realität vorfindlichen Quellen von Störungen und die Vielfalt möglicher Handlungsfolgen nicht adäquat abbilden kann (vgl. Mill 2008: 184). Nur der Abgleich zwischen Theorie und Empirie durch wechselseitige Korrektur ermöglicht eine angemessene Erfassung von Ursachen und Folgen der Handlungen von Wirtschaftsakteuren. Die Integration der theoretischen und der empirischen Betrachtungsebene erlaubt nicht nur eine bessere Berücksichtigung aller Handlungsfaktoren, die für die Theoriebildung relevant sind, sondern sie schafft auch eine kritische Distanz gegenüber einer einseitigen Fokussierung auf normative Prämissen, was insbesondere für wirtschaftsethische Ansätze von Relevanz sein kann.

Die Erweiterung der wirtschaftsethischen Perspektive durch eine wirtschaftsphilosophische Reflexion der theoretischen und empirischen Betrachtungsebenen ist aufgrund zunehmender Komplexität wirtschaftlicher Handlungskontexte wichtig, da auf diesem Weg die Möglichkeiten und Grenzen des ethischen Handelns von Wirtschaftsakteuren genauer in den Blick genommen werden können. Dieser Perspektivwechsel ist vor allem dort relevant, wo eine Berücksichtigung von kontingenten Faktoren und Handlungsfolgen erforderlich wird, die im Vorhinein nicht oder nur begrenzt antizipiert werden können und sich dem direkten Einflussbereich der Akteure entziehen.

Insbesondere nach der Wirtschaftskrise 2008/2009 ist das Problem nicht-intendierter Handlungsfolgen sowie der Unberechenbarkeit zukünftiger ökonomischer Entwicklungen zu einem zentralen Gegenstand der Wirtschaftsphilosophie geworden (Taleb 2008). Die Gründe für die Unsicherheit von Zukunftsprognosen und die Schwierigkeiten einer normativen Regulierung ökonomischer Handlungsprozesse liegen vor allem in der Nichtlinearität komplexer Systeme, die durch das nicht-koordinierte Zusammenwirken unterschiedlicher Akteure gekennzeichnet sind. Innerhalb komplexer Systeme bietet der Ausgang von individuellen Handlungen keinen hinreichenden Rahmen für die Erfassung der Voraussetzungen ethischen Handelns. Aus diesem Grund ist es angemessener, das Verhältnis zwischen Ökonomie und Ethik nicht nur auf der Ebene des individuellen Handelns, sondern auch auf der Ebene der Wechselwirkung zwischen handelnden Personen und den Handlungssystemen zu analysieren, etwa durch einen Abgleich des Verhältnisses zwischen Individualethik und Systemethik (Bühl 1998; Heidbrink 2003).

Darüber hinaus sind Ansätze, die den Begriff der Integrität (Paine 1994) in den Mittelpunkt rücken, besser dazu geeignet, das Problem der Unübersichtlichkeit und Unvorhersehbarkeit von Handlungskonsequenzen in der Wechselbeziehung zwischen

Individuum und System zu erfassen. Der Begriff Integrität bezeichnet die Übereinstimmung zwischen normativen Handlungsregulierungen und institutionellen Ordnungsstrukturen, die zum einen durch Compliance-Regeln vorgegeben werden kann und zum anderen aus der individuellen Motivation der handelnden Akteure resultiert. Im Unterschied zur formalen rechtlichen Regulierung von Handlungsabläufen setzen Integritätsansätze auf die Fähigkeit von Akteuren, in Situationen der Ungewissheit selbstverantwortlich zu entscheiden, wie Handlungsnormen im konkreten Fall auszulegen sind, und setzen damit auf eine Stärkung individueller Kompetenzen (Heidbrink/Seele 2008). Nicht zuletzt beinhalten solche integritätsbasierten Ansätze auch einen reflektierten Umgang mit Fehlern, der den Verzicht auf Restriktionen und Sanktionen erlaubt. Der Fokus liegt stattdessen auf zukünftiger Fehlervermeidung durch Lerneffekte und dem rechtzeitigen Erfassen von Fehlerquellen.

Die Bedeutung der Ungewissheit für das Verhältnis von Ethik und Ökonomie wird in der Wirtschaftsphilosophie jedoch nicht nur mit Blick auf notwendige Problemlösungsstrategien und die Vermeidung möglicher Krisen behandelt. Die Kategorie der Ungewissheit spielt sowohl in ökonomischer als auch in ethischer Hinsicht insofern eine positive Rolle, als sie neue Handlungsperspektiven eröffnen, Innovationen ermöglichen und ein konstruktives Umdenken im Hinblick auf normative Paradigmen begünstigen kann. Insbesondere eine realistischere Einschätzung der Möglichkeiten von Risikoberechnung und Zukunftsprognosen vermindert das Risiko vorgetäuschter Sicherheiten, das durch performative Effekte selbsterfüllender Prognosen entsteht, die genau die Entwicklungen hervorbringen können, die sie ankündigen (Esposito 2017). Auf diese Weise ergeben sich neue Handlungsperspektiven, die nicht länger auf einer (vermeintlich) rationalen Antizipation beruhen, sondern auf situative Intuition und heuristisches Wissen setzen, wie in Kapitel 3.2 dargestellt (Gigerenzer/Todd 2000; Esposito 2010; Priddat 2016, Priddat/Rauen 2016).

Folgendes Fazit lässt sich ziehen: Die kritische Analyse des Verhältnisses von Ethik und Ökonomie legt nicht nur unhinterfragte Prämissen der Wirtschaftsethik frei, die als Teil der praktischen Philosophie weit über eine reine Anwendungsethik hinausgeht. Auch die epistemologische Auseinandersetzung mit der Komplexität des Marktgeschehens und Korrekturen am Modell des Homo oeconomicus als eines rationalen Entscheiders spielen in der Wirtschaftsphilosophie eine zentrale Rolle. Damit ergeben sich wichtige Impulse für die Reflexion und Erweiterung von Grundbegriffen der Wirtschafts- und Unternehmensethik, die im folgenden Kapitel behandelt werden sollen.

4.2 Wirtschafts- und Unternehmensethik

Was ist und wozu Wirtschaftsethik?

Während es Ziel der Ethik ist, möglichst allgemeingültige Prinzipien oder Normen zu entwickeln, widmet sich die *angewandte* Ethik aktuellen ethischen Problemstellungen mit konkreter gesellschaftlicher Relevanz. Dabei versucht sie, der zunehmenden Ausdifferenzierung gesellschaftlicher Subsysteme sowie dem sozialen Pluralismus westlicher Gesellschaften gerecht zu werden, in deren Folge sich allgemeine ethische Prinzipien nicht einfach auf jeden Gegenstandsbereich übertragen oder ohne Weiteres in je unterschiedlichen praktischen Handlungsbereichen anwenden lassen, sondern ethische Herausforderungen differenzierter betrachtet werden müssen. Die angewandte Ethik sucht nach allgemeinen normativen Konzepten für spezifische Lebensbereiche oder Berufsfelder, aus denen sich zahlreiche Bereichsethiken wie etwa die Medizinethik, die Technik- und Roboterethik, die Medienethik, die Umwelt- und Tierethik oder eben auch die Wirtschaftsethik gebildet haben (vgl. Höffe 2018: 106 f.). Dabei versteht sie sich als Bindeglied zwischen der allgemeinen normativen Ethik einerseits und technischen oder praktischen Argumenten und Maximen auf der Handlungsebene andererseits. Sie bietet keine praktischen Lösungen an und liefert auch keine Handlungsanweisungen, sondern diskutiert vielmehr Möglichkeiten; sie kann Binnendiskurse in ihrem jeweiligen Rahmen reflektieren und Begriffe bearbeiten, Orientierung anbieten und dazu beitragen, ethische Herausforderungen zu identifizieren oder zu benennen. Weiterhin kann sie bereichstypisch vermitteln, also in ihrem jeweiligen Anwendungsfeld Konfliktlinien und Alternativen aufzeigen. Es geht ihr also weniger um eine schematische Anwendung der Ethik als vielmehr um das »Aktualisieren« philosophischer Erkenntnisse im Hinblick auf lebenspraktische Kontexte (vgl. Ott 2004: 173).

Die angewandte Ethik hat sich in dieser Form im akademischen Umfeld inzwischen in vielfältiger Weise etabliert. Um die Detailprobleme der konkreten Lebenswelten angemessen durchdringen zu können, ist sie dabei auf das Fachwissen der jeweiligen Disziplinen angewiesen. Da sie mit den Sachgesetzlichkeiten und Schwierigkeiten des jeweiligen Gegenstands aufs Engste vertraut sein muss, liegt eine interdisziplinäre Zusammenarbeit nahe (vgl. Höffe 2018: 107). Die angewandte Ethik ist deshalb auch häufig in den Fachbereichen verortet, deren ethisch relevante Fragestellungen sie reflektiert. Zudem werden Vertreter der angewandten Ethik auch über die akademische Philosophie hinaus als Experten für Gremien wie Ethikräte und -kommissionen angefragt, um bei konkreten Herausforderungen zu beraten und zu vermitteln.

Folgt man dem hier vorgestellten Verständnis von angewandter Ethik, so stellt sich vor dem Hintergrund des oben dargestellten Verhältnisses von Ethik und Ökonomik die Frage, was die Wirtschaftsethik leisten kann und soll, warum sie sich gerade in den vergangenen drei Jahrzehnten entwickelt hat und in welchem Verhältnis sie zur Wirtschaftsphilosophie steht. Zunächst einmal ist die Wirtschaftsethik in der Wissenschaftslandschaft wesentlich präsenter und besser etabliert als die Wirtschaftsphilosophie, was vor allem dem praktischen Diskurs geschuldet ist. Dieser erwächst aus einem Bedarf an ethischer Orientierung in einer Weltwirtschaft, die die Gesellschaften vor eine Vielzahl von Herausforderungen stellt. Konkrete praktische Themen, die auf das Verhältnis von Wirtschaft und Gesellschaft bzw. die Folgen des wirtschaftlichen Handelns zurückzuführen sind und die Frage nach dem guten und richtigen Wirtschaften aufwerfen, umfassen Wirtschafts- und Finanzkrisen, Marktversagen und die Externalisierung von Kosten und Risiken, Ungleichheit und Armut, Umweltzerstörung und -katastrophen, Betrug und Korruption, Lebensmittelskandale und vieles mehr (vgl. Aßländer 2011). Von der Wirtschaftsethik werden Antworten erwartet auf Fragen nach der möglichen Verantwortung der Wirtschaft für die Zerstörung natürlicher Lebensgrundlagen sowie die Gefährdung sozialer Beziehungen durch die zunehmende Kommerzialisierung von Lebensbereichen. Die wirtschaftlichen Entwicklungen im Rahmen der Globalisierung haben weltumspannende Lieferketten und Handelsbeziehungen hervorgebracht, in denen Großkonzerne Waren einkaufen, produzieren und verkaufen und damit auch globale Auswirkungen auf Gesellschaften, Individuen und die Umwelt haben. Die Politik ist jedoch zunehmend weniger in der Lage, diese globalen Prozesse zu steuern, und in diesem Vakuum müssen sich Unternehmen umfassender denn je für ihre wirtschaftlichen Handlungen rechtfertigen (siehe auch Kapitel 3.6). So stellt sich die Frage, wer in dem Geflecht aus Politik, Unternehmen, Mitarbeitenden, Konsumierenden, Zivilgesellschaft und vielen anderen Gruppen welche Verantwortung wofür und welche Ansprüche an wen hat.

Da sich die skizzierten Entwicklungen aufgrund technischer Innovationen seit den 1980er Jahren deutlich beschleunigt haben und die Politik allein nicht in der Lage ist, das Wirtschaftssystem zu gestalten und zu regulieren, gleichzeitig jedoch Probleme und Krisen zugenommen haben und die Menschen nach Orientierung verlangen, ist die Wirtschaftsethik als eine Disziplin gefordert, die sich mit den normativen Fragen des guten und richtigen Wirtschaftens beschäftigt (vgl. Ulrich 2016). Ein zentrales Thema der Wirtschaftsethik ist die Frage nach der Gestaltung einer angemessenen Wirtschaftsordnung im nationalen, supranationalen und globalen Rahmen.

Doch sind es nicht allein diese praktischen Herausforderungen, mit denen sich die Wirtschaftsethik beschäftigt. Je nach wirtschaftsethischem Ansatz versteht sie sich auch als eine Reflexionsdisziplin, die es im Sinne Kants ermöglichen soll, sich im ökonomischen Denken zu orientieren. In diesem Verständnis geht es ihr nicht ausschließlich um praktische Herausforderungen, sondern auch darum, ökonomische Theorien zu reflektieren und ihren normativen Gehalt aufzudecken (vgl. Lenk/Maring 1992: 11). Die normativen Vorannahmen der ökonomischen Theorie sind einerseits politisch wirkmächtig, andererseits sind sie in vermeintlich wertfreien wirtschaftswissenschaftlichen Diskursen nur implizit gegenwärtig und der breiteren Diskussion meist nicht direkt zugänglich. Von der Wirtschaftsethik werden diese impliziten normativen Gehalte thematisiert, um die Verantwortung der ökonomischen Theorien für gesellschaftliche Entwicklungen und Ideologien (wie z.B. den späteren Neoliberalismus) diskutieren zu können. Die Aufgabe der Wirtschaftsethik besteht darin, die Interdependenz von ökonomischer Theorie und realer Ökonomie zu untersuchen, insofern die theoretische Ökonomik mit ihren Modellen und Imperativen (wie beispielsweise dem Ideal der Effizienz) direkte Auswirkungen auf die praktische Wirtschaftswelt hat. Einige Autoren unterscheiden deshalb zwischen einer theoretischen und einer praktischen Wirtschaftsethik – wobei erstere Begründungen und Rechtfertigungen wirtschaftlicher Modelle, Konzepte, Begriffe und Annahmen reflektiert und letztere konkrete Praxisprobleme behandelt (vgl. Lenk/Maring 1992: 14).

Das Verhältnis der Wirtschaftsethik zur ökonomischen Theorie wie auch zur wirtschaftlichen Praxis ist insgesamt kontrovers und spannungsgeladen. Die theoretischen Konfliktlinien verlaufen zumeist entlang des jeweiligen Wissenschaftsverständnisses, insofern die Ökonomik vor allem positivistisch und empirisch ausgelegt ist und lösungsorientiert arbeitet, d.h. Antworten gibt auf die Frage »Was soll ich wirtschaftlich wie tun?«. Ein ähnliches Anwendungswissen erwartet die Wirtschaftspraxis dann häufig von der Wirtschaftsethik, die jedoch Orientierungswissen zur Verfügung stellen will und meist keine konkreten Antworten auf ethische Herausforderungen gibt. Dass die Wirtschaftsethik sich auf ihre Funktion der Reflexionskompetenz zurückzieht, wird oft als unzureichend oder gar unprofessionell empfunden und kostet, zusammen mit der Tatsache, dass es keine einheitliche, allgemein akzeptierte ethische Theorie gibt, die Wirtschaftsethik bei Praktikern an Glaubwürdigkeit – auch wenn dies die Kernaufgaben der Ethik verkennt (vgl. Fenner 2010: 15).

Denn Aufgabe der Wirtschaftsethik ist es, die instrumentelle Logik des ökonomistischen Standpunkts zu ergänzen, also den alleinigen Gültigkeitsanspruch dominanter ökonomischer Prinzipien zu korrigieren und unabhängig von diesen Antworten auf die Frage zu geben, wie gehandelt werden soll. Diese Antworten müssen nicht in Einklang mit der ökonomischen Theorie stehen, sondern können einen eigenen Geltungsanspruch besitzen (vgl. Aßländer 2015: 402 f.). Wo die Ökonomik ihre Rechtfertigungsargumente üblicherweise auf eine instrumentelle Rationalität reduziert, »müssen Philosophie und Ethik Ziele und Werte sinnvollen wirtschaftlichen Handelns allgemeiner und umfassender behandeln und diskutieren« (Lenk/Maring 1992: 9).

Theorien der Wirtschafts- und Unternehmensethik

Die Wirtschaftsethik stellt insgesamt ein eher uneinheitliches wissenschaftliches Feld dar. Je nach Interessenlagen, Hintergrundannahmen und dem Verständnis des Verhältnisses von Ökonomie und Ethik haben sich unterschiedliche Zugänge und Schulen herausgebildet. Im Vergleich zu anderen Disziplinen kann die Wirtschaftsethik kein geteiltes Selbstverständnis oder ein gegenüber Nachbardisziplinen vollständig abzugrenzendes Theoriegebäude vorweisen, was dem kontroversen Charakter der Ethik ganz allgemein geschuldet ist. Dabei spielen nicht zuletzt ideengeschichtliche und kulturelle Topografien eine Rolle, indem sich Abgrenzungen unter anderem entlang sprachräumlicher und geografischer Grenzen herausgebildet haben (vgl. Palazzo 2002).

Ein eigenes Feld der Wirtschaftsethik bildet die internationale, angelsächsische Debatte der Business Ethics, die pragmatisch, also stärker anwendungs- und praxisorientiert ist und systematische Fragen eher außen vor lässt bzw. sie im Forschungsbereich Philosophy and Economics verortet (siehe Kapitel 5.1). Ausgehend von verschiedenen Wirtschaftsskandalen etablierte sich die angelsächsische Debatte spätestens in den 1970er Jahren. Zunächst noch stark ideologisch getrieben, entwickelten sich daraus theoretische Ansätze der Business Ethics (vgl. De George 1992), wobei sich dieser angelsächsische Strang bis heute dem

Vorwurf ausgesetzt sieht, theoretisch vergleichsweise schwach fundiert (vgl. Münch 2015: 12) und zu sehr von einer praxisorientierten Herangehensweise geprägt zu sein (vgl. Palazzo 2002: 207). Durch den eher pragmatischen Ansatz und die fallbezogene Methodik, bei der häufig konkrete Probleme oder Fallstudien im Vordergrund stehen, unterscheiden sich die Business Ethics von den Debatten der deutschsprachigen Wirtschaftsethik, die eher systematisch und theoriebegründet geprägt sind (vgl. Palazzo 2005). Aufgrund dieser Betonung praktischer Anwendung haben es die Business Ethics jedoch auch vermocht, schneller und umfassender in die Lehrpläne der Business Schools integriert zu werden, während dies im deutschsprachigen Raum weniger umfassend gelungen ist (vgl. Matten/Palazzo 2008).

Die deutschsprachige Debatte der Wirtschaftsethik ist ausgesprochen heterogen, da sie von sehr unterschiedlichen konzeptionellen Grundlagen ausgeht und in vielen Fragen kein geteiltes Verständnis über zentrale Begriffe besteht (vgl. ebd.: 50 f.). Entsprechend ihrem jeweiligen Fokus lässt sie sich, grob gesagt, in drei Unterdisziplinen einteilen: zum einen die Institutionenethik, die Fragen der Gestaltung des Wirtschaftssystems diskutiert; sodann die Unternehmensethik, die vornehmlich die Verantwortung korporativer Akteure behandelt und darin in etwa den angelsächsischen Business Ethics entspricht; und schließlich eine auf Fragen der Individualethik ausgerichtete Strömung, in der unter anderem Diskussionen über Führungs- und Mitarbeiterethik (Ciulla 1995) sowie Konsumentenethik (Heidbrink et al. 2011) geführt werden.

In diesem Rahmen haben sich auch in Deutschland ähnlich wie in den USA pragmatische bzw. an der Praxis orientierte Ansätze herausgebildet, die häufig eng an die Wirtschaftswissenschaften angebunden und vornehmlich lösungsorientiert sind. Sie lehnen sich dabei meist an den wirtschaftswissenschaftlichen

Mainstream an und sollen dazu beitragen, ethische Herausforderungen des Managements zu lösen oder Konzepte zu entwickeln, um mit den sich verändernden gesellschaftlichen Ansprüchen an Unternehmen umzugehen. Es geht dabei weniger um Begründungs- als um Gestaltungsfragen, weniger um Reflexion als vielmehr um die Frage, wie etwa unter den gegebenen ökonomischen Wettbewerbsbedingungen sozial verantwortlich(er) gehandelt werden kann. Ein Kernbegriff dieser Debatte ist der Begriff der Verantwortung, der sich vor allem in der Diskussion um Corporate Social Responsibility niederschlägt (Garriga/Melé 2004). Diese Debatte ist, wie in Kapitel 3.6 beschrieben, wesentlich durch das Ziel geprägt, die Entwicklung und Umsetzung von Unternehmensstandards (wie etwa des Global Compact, der UN Guiding Principles for Business and Human Rights oder der OECD Guidelines for Multinational Enterprises) voranzutreiben. Zugleich birgt diese Engführung jedoch auch die Gefahr einer Verkürzung der Unternehmensethik, indem unter Rückgriff auf Verantwortungsfragen letztlich eine Katalog-Ethik aufgestellt wird, an die sich Unternehmen dann hauptsächlich zum Zweck der Berichterstattung und des Reporting für Stakeholder halten.

Neben der Verantwortung werden von dieser pragmatisch orientierten Strömung der Wirtschaftsethik auch andere Begriffe der praktischen Philosophie entlehnt und mit Blick auf konkrete Fragen diskutiert, die im Arbeitsalltag eine Rolle spielen, wie Mitarbeiterführung (»Empowerment«), Supply Chain Management (»Nachhaltigkeit«), Compliance and Integrity (»Integrität«), License to operate (»Legitimität«) oder Corporate Citizenship (Bürgerbegriff). Die Diskussionen erlangen jedoch nur in Ausnahmefällen ein angemessenes Reflexionsniveau. Sie bedienen sich philosophischer Begriffe mitunter nur oberflächlich, resultieren häufig in den genannten Standards oder Management- und Compliance-Systemen und werden in Konzepten wie Corporate Social Responsibility oder Führungsethik (Responsible Leadership) operationalisiert (vgl. Aßländer 2015: 390 f.).

Nicht selten sehen sich entsprechende Ansätze der angewandten Wirtschaftsethik mit dem Vorwurf des Instrumentalismus oder des Ökonomismus konfrontiert, indem sie, so der Einwand, von Unternehmen lediglich als ein weiteres Mittel genutzt würden, um ihre Profite zu erhöhen (vgl. Thielemann 2000). Dies spiegelt sich vor allem in der Debatte um den »Business Case for Corporate Social Responsibility« wider. Dabei geht es um die systematische Frage, ob sich die Bemühungen von Unternehmen, ihrer gesellschaftlichen Verantwortung nachzukommen, auch ökonomisch rechnen (müssen), was bedeuten würde, dass Unternehmen nur diejenigen Verantwortlichkeiten übernehmen (müssen), die keine Kosten verursachen oder sogar die Profite erhöhen. Schließlich könne von Unternehmen nicht verlangt werden, gegen ihre ökonomischen Prinzipien zu handeln. Um ganz ähnliche Fragen dreht sich die unternehmensethische Debatte unter dem Stichwort »Creating Shared Value« (Porter/Kramer 2011). Zugrunde liegt diesem Zweig der Unternehmensethik ein weitestgehend instrumentelles Verständnis von Ethik, dem zufolge Unternehmen gut damit beraten sind, ethische Belange in ihre Geschäftsstrategien zu integrieren, weil sie auf diese Weise auch ihre Wettbewerbsfähigkeit erhöhen.

Derart auf Profitsteigerung ausgelegte Konzepte von Wirtschaftsethik sind jedoch argumentativ kaum zu halten, da sie einer Binnenmoral (hier der ökonomischen Logik) den Primat vor ethischen Überlegungen einräumen. Eine solcherart ausgestaltete Wirtschaftsethik bietet den Unternehmen die Basis zur Legitimation von Verhaltensweisen, die Vorwürfe des Greenwashings nahelegen, die darin bestehen, dass Unternehmen sich mit ethischen Maßnahmen nur den Anstrich von ökologischer oder sozialer Nachhaltigkeit geben und diese zu Marketingzwecken nutzen, aber nicht glaubwürdig im eigentlichen Geschäftsverhalten verankern.

Darüber hinaus finden im Rahmen der Unternehmensethik aber auch fundierte Debatten statt, die das Gewicht des ethischen Arguments gegenüber der ökonomischen Logik ernst nehmen und reflektieren. Im Rahmen der Debatte um Corporate Social Responsibility werden zum Beispiel der Begriff der Verantwortung und seine ökonomischen Dimensionen ausführlich behandelt (vgl. Heidbrink 2011), oder es wird die Frage aufgeworfen, welchen Status korporative Verantwortung generell besitzt, ob also Unternehmen überhaupt moralische Akteure sein können und wie ihnen Verantwortung zugeschrieben werden kann (vgl. Neuhäuser 2011).

Vor allem im deutschsprachigen Raum haben sich einflussreiche Ansätze herausgebildet, die eine konsistente Theorie der Wirtschaftsethik entwickeln und von einer besonderen Reflexionstiefe geprägt sind (für einen Überblick vgl. van Aaken/Schreck 2015; Heidenreich 2012: 51 ff.). Diese Ansätze bilden nicht nur recht gut das Spektrum der (deutschsprachigen) Wirtschaftsethik ab, sondern sind als normative Theorien menschlicher Praxis vor allem für die Wirtschaftsphilosophie insofern relevant, als sie die philosophische Ethik tatsächlich ernst nehmen und in diesem Bemühen verdeutlichen, wie bedeutsam die wirtschaftsphilosophische Reflexion von Begriffen, Heuristiken und Vorverständnissen (in diesem Fall der Ökonomik sowie der Ethik) für die angewandte Ethik ist.

Einer dieser Ansätze der Wirtschaftsethik ist die sogenannte Ordnungsethik. Sie ist geprägt von einer konsequent ökonomistischen Lesart wirtschaftsethischer Fragestellungen: Im Einklang mit dem US-amerikanischen Ökonomen Gary Becker (1982) definiert sie die Legitimität wirtschaftlichen Handelns mittels einer »individuelle[n] Vorteils-/Nachteilsgrammatik« (Homann 2015: 25) und weist innerhalb der Wirtschaftsethik eine große Nähe zur Neoklassik auf, indem sie davon ausgeht, dass es bestimmter Anreize bedarf, um moralische Normen, über deren Ursprung und Legitimität sie allerdings wenig aussagt, in einem ökonomischen Kontext zur Geltung zu bringen. Die Ökonomik ist in diesem Sinne nicht weniger als »die Fortsetzung der Ethik mit anderen, erweiterten Mitteln« (Homann 2002: 157). Von maßgeblicher Bedeutung für die ordnungsethischen Ansätze ist die Unterscheidung zwischen zwei Ebenen: Karl Homann unterscheidet zwischen einer Bedingungsebene (der wirtschaftspolitischen Spielregeln) und einer Handlungsebene (der individuellen bzw. organisationalen Spielzüge). Auf diese Weise wird »die Effizienz in den Spielzügen, die Moral in den Spielregeln« (Homann/Blome-Drees 1992: 35) verortet, sodass die Rahmenordnung zum systematischen Ort der Moral wird (daher der Name *Ordnungs*ethik), während die moralischen Anforderungen an die Akteure weitgehend durch ein strategisches Vorteilsdenken ersetzt werden.

Einen weiteren systematischen Ansatz der Wirtschaftsethik stellt die Integrative Wirtschaftsethik dar. Sie macht es sich zur Aufgabe, die »ökonomische Vernunft« (vgl. Ulrich 1993) zu reflektieren und sie zu einer diskursethisch begründeten Wirtschaftsethik (im Sinne von Jürgen Habermas [1981] und Karl-Otto Apel [1976]) zu entwickeln. Diese soll, wie der Name bereits vermuten lässt, umfassend in wirtschaftliches Denken und Handeln integriert werden. Die Kritik eines eindimensionalen Ökonomismus, das heißt die Ergründung der dem wirtschaftlichen Handeln stets innewohnenden Normativität, ist die systematisch erste, grundlegende Aufgabe der integrativen Wirtschaftsethik (vgl. Ulrich 2016: 140; Thielemann 2015: 193). Die integrative Wirtschaftsethik ist darüber hinaus dadurch gekennzeichnet, dass sie keiner der drei Ebenen der Wirtschaftsethik (Institutionen, Organisationen, Individuen) einen systematischen Vorrang einräumt, sondern alle drei Ebenen miteinander verzahnt. Wirtschaftsethische Fragestellungen müssen diesem Ansatz zufolge immer mehrdimensional behandelt werden. So hat etwa die unternehmensethische Frage nach der Verantwortung von Unternehmen immer auch Dimensionen der Ordnungspolitik und des individuellen Verhaltens von Führungskräften oder Mitarbeitenden zu berücksichtigen.

Zu den Ansätzen, die die deutschsprachige Wirtschaftsethik geprägt haben, gehört auch die Republikanische Wirtschaftsethik von Horst Steinmann und Albert Löhr (1994), die eine Unternehmensethik als Dialogethik entwerfen. Sie wenden sich gegen eine ökonomische Modellwelt, der zufolge es die Wettbewerbslogik dem einzelnen Unternehmen unmöglich mache, moralisch zu handeln. Steinmann und Löhr fordern Unternehmen stattdessen dazu auf, vorhandene Handlungsspielräume zur Wahrung und Förderung des Gemeinwohls (der »res publica«) zu nutzen.

Ein weiterer Ansatz der Wirtschaftsethik ist die Governanceethik von Josef Wieland (2007), die sich stark an der Systemtheorie von Luhmann orientiert und auf den theoretischen Grundlagen der Neuen Institutionenökonomik aufbaut. Die Governanceethik ist weniger an Begründungsfragen als vielmehr an Anwendungsfragen interessiert. Sie rückt die moralische Kommunikation und die moralischen Anreize in und zwischen Unternehmen in den Vordergrund und versucht, angemessene Governancestrukturen (etwa als Compliance-Management) zu entwickeln, die kooperatives Verhalten fördern sollen.

Auch die kulturalistische Wirtschaftsethik von Thomas Beschorner (2015) und Reinhard Pfriem (2007) zählt zu den systematischen Ansätzen, die weniger normativ ausgerichtet sind. Sie versteht sich eher als eine wirtschaftsethische Anwendungstheorie, ist folglich stärker sozialwissenschaftlich beschreibend und erklärend angelegt. Über die Grundlegung einer Handlungstheorie will sie unter Verwendung des Kulturbegriffs alternative Perspektiven auf ökonomische Prozesse ermöglichen, die auch das Soziale einschließen, das die Neoklassik häufig ausblende (vgl. Beschorner 2015). Um dies zu erreichen, entwickelt die kulturalistische Wirtschaftsethik ein Mehrebenenmodell, das aus den Elementen von Handlungs-, Interaktions-, Institutionen-, Organisations- und Gesellschaftstheorie besteht.

Es ist deutlich geworden, dass die Wirtschaftsethik aufgrund ihrer vielfältigen Ansätze und Fragestellungen sowie der Verbreitung in fachwissenschaftlichen sowie praktischen Debatten einen wichtigen Bestandteil der Wirtschaftsphilosophie darstellt. Gleichwohl geht die Wirtschaftsphilosophie über die Wirtschaftsethik hinaus und nimmt eine erweiterte Perspektive ein, indem sie sich mit grundlegenden Fragen nach dem Verhältnis von Ethik und Ökonomik befasst und die Rolle der Moral in der Wirtschaftsethik ihrerseits zum Gegenstand der philosophischen Analyse macht, wie insbesondere die Ausführungen in Kapitel 4.1 gezeigt haben.

5. Aktuelle Diskussionen der Wirtschaftsphilosophie

Die Ökonomik hat vor allem in den vergangenen zwei Jahrzehnten damit begonnen, sich neuen Erkenntnissen und Methoden zu öffnen, wie dies beispielhaft in den Debatten um die Verhaltensökonomik oder die Glücksforschung erkennbar ist. Während diese Ansätze jedoch häufig den epistemologischen und methodischen Paradigmen der Neoklassik verhaftet bleiben, machen es sich neuere Ansätze der Wirtschaftsphilosophie zur Aufgabe, die Ökonomik auf grundsätzlichere Weise zu erfassen und sie durch alternative Theorien und Modelle zu erweitern. Eine Forschungsrichtung aus dem internationalen Kontext, die sich am ehesten mit der deutschen Wirtschaftsphilosophie vergleichen lässt, ist der Ansatz der »Philosophy and Economics«. Eine Erweiterung erfährt die Ökonomik – als Theorie der Wirtschaft – zudem in den Bewegungen der sogenannten pluralen oder heterodoxen Ökonomik, die explizit eine Abkehr von der Mainstream-Ökonomik fordern. Weiterhin finden sich in den Theorien des Poststrukturalismus alternative Zugänge zur Ökonomik, die aus wirtschaftsphilosophischer Sicht fruchtbar aufgegriffen werden können.

5.1 Philosophy and Economics

Die internationale Debatte der Wirtschaftsphilosophie wird vornehmlich unter dem Label »Philosophy and Economics« beziehungsweise »Philosophy of Economics«, kurz P&E oder PE, geführt und ähnelt in vielerlei Hinsicht dem hier vorgestellten Verständnis von Wirtschaftsphilosophie, wobei es jedoch auch bedeutsame Unterschiede gibt.

Zu Anfang des 20. Jahrhunderts und später vor dem Hintergrund des Positivismusstreits enthielten sich die sozialwissenschaftlichen Disziplinen zunehmend normativer Aussagen. Dies schlug sich auch und gerade in den Wirtschaftswissenschaften nieder, als sich die neoklassische Ökonomik immer stärker etablierte und professionalisierte. Erst in der zweiten Hälfte des 20. Jahrhunderts erlebte die philosophische Betrachtung ökonomischer Sachverhalte eine Renaissance und führte zu einer wechselseitigen Befruchtung von Ökonomik und Philosophie, die sich zunehmend im Rahmen der Subdisziplin Philosophy and Economics auswirkt (vgl. Hands 2008; Reiss 2013). Die Forschung in diesem Bereich kann in drei Schwerpunkte unterteilt werden: Handlungstheorie, Wissenschaftstheorie und Ethik.

Fragen der Handlungstheorie in der Ökonomik beschäftigen sich vornehmlich mit den Annahmen der Rational-Choice-Theorie, die eine der theoretischen Grundlagen der Ökonomik darstellt. Wirtschaftliches Handeln wird hier als Ergebnis einer rationalen, nutzenmaximierenden Entscheidung betrachtet, die aufgrund von Präferenzen getroffen wird. Diese Annahme wurde in den vergangenen Jahren zunehmend kritisiert, weil sie zahlreichen empirischen Beobachtungen sowohl von Seiten der Psychologie wie auch der Ökonomik nicht standhalten kann (vgl. Kahneman/Tversky 2000). Wie in Kapitel 3.4. beschrieben, lässt sich beispielsweise zeigen, dass Framing-Effekte, also Variationen im Entscheidungskontext sowie in der Art oder Verfügbarkeit von Informationen, ebenso wie soziale Erwünschtheit von Handlungen oder Emotionen wesentlichen Einfluss auf die Entscheidungen von Individuen haben können. In der Debatte über begrenzte Rationalität (Simon 1957), die sich aus Erkenntnissen der Psychologie, der empirischen Wirtschaftsforschung, aber auch der Philosophie speist, werden dementsprechend Alternativen zur mathematischen Modellierung der rationalen Nutzenoptimierung diskutiert. Viele Vertreter der Rational-Choice-Theorie räumen die Berechtigung der Kritik an ihren Grundannahmen zwar ein und nutzen verschiedene Ergänzungen und Weiterentwicklungen der Theorie, betonen jedoch weiterhin, dass die Annahme rationaler Nutzenmaximierung grundsätzlich plausibel sei und als Grundlage der Modelle auch fortan verwendet werden könne – solange diese an bestimmte Situationen angepasst würden (vgl. zur Übersicht Hausman 2018).

Aus epistemischer und wissenschaftstheoretischer Perspektive ist die Ökonomik vor allem aufgrund einer disziplinären Besonderheit von Interesse, dass sie nämlich einerseits über Eigenschaften einer Naturwissenschaft verfügt bzw. sich deren Methoden bedient und (positivistische) Ansprüche erhebt, während ihr Erkenntnisgegenstand aus sozialen Phänomenen besteht. Viele methodologische Betrachtungen dieser Art gehen zurück auf Terence W. Hutchison (1938) und die Übertragung der epistemologischen Überlegungen Karl Poppers auf die Ökonomik (etwa Albert 1967, 1991). Vor diesem Hintergrund wird bis heute diskutiert, was ökonomische Wissenschaft genau ist, wo die Grenzen empirischer (ökonomischer) Forschung liegen, welche Aussagen sie treffen kann und inwiefern diese falsifizierbar sein müssen.

An diese beiden Schwerpunkte schließen sich Fragen von Wirtschaft und Normativität an, die im Rahmen von P&E in zwei

Bereiche unterteilt werden können: Einerseits geht es um die Frage, wo der Ort des Normativen in der Ökonomik liegt – was stärker epistemologische Fragen aufwirft. Zweitens schließen sich Fragen der Ethik, der politischen Philosophie und Sozialphilosophie an, also normative Aussagen darüber, was angemessenes Wirtschaften sein kann bzw. soll und wie sich wirtschaftliche Akteure zu verhalten haben. In diesen Ansätzen wird vor allem die Frage nach dem impliziten normativen Gehalt ökonomischer Theorien gestellt. So lässt sich beispielsweise zeigen, dass sich Vertreter der Rational-Choice-Theorie zwar als Positivisten verstehen, die Theorie im Grunde aber als normative Theorie betrachtet werden muss, weil sie Normen und Verpflichtungen beinhaltet bzw. Aussagen darüber macht, wie sich Akteure verhalten sollten (vgl. Davidson 2001; zu Fragen von Normativität und Ökonomie siehe auch Kapitel 4).

Durch ihre Schwerpunktbildung in den Bereichen der Handlungstheorie, der Wissenschaftstheorie und der Ethik weisen die P&E-Ansätze eine große Schnittmenge mit der hier vorgestellten Wirtschaftsphilosophie auf. Sie sollten folglich als ein Teil der Wirtschaftsphilosophie verstanden werden, der systematisch und inhaltlich enger gefasst ist. Der größte Unterschied besteht darin, dass die Ansätze stark in der analytischen Philosophie verankert sind und ihnen mit Ausnahme des Bereichs der Ethik mitunter das kritisch-reflexive Potenzial im Hinblick auf die Grundlagen der Ökonomik fehlt. Ein Großteil der Debatten bleibt dem Rational-Choice-Modell und anderen neoklassischen Annahmen verhaftet und nimmt daran eher partielle Korrekturen vor, ohne die neoklassische Theorie grundsätzlich infrage zu stellen. Dies ist beispielhaft etwa an den Debatten um Bounded Rationality zu sehen, die letztlich das Paradigma der Rational-Choice-Theorie aufrechterhalten bzw. es nur inkrementell verändern. Weiterhin zeigt sich der affirmative Charakter auch an dem Themenspektrum, mit dem sich ein Großteil der P&E-Debatte beschäftigt. Über Rational Choice hinaus sind dies beispielsweise Themen wie Nudging, Spieltheorie, Utilitarismus, Economic Modelling oder Public Choice – alles Ansätze und Aspekte, die letztlich der neoklassischen ökonomischen Theorie entspringen.

Philosophy, Politics and Economics

In der Universitätslandschaft hat sich die Wirtschaftsphilosophie nicht nur in den Fachbereichen Philosophie und Wirtschaftswissenschaften, sondern auch in interdisziplinären Studienangeboten niedergeschlagen, die in der Tradition der »Philosophy, Politics and Economics« (PPE) stehen. In Abgrenzung zur *Disziplin* der »Philosophy and Economics« hat sich der Begriff PPE zunächst im englischsprachigen Raum, inzwischen aber weltweit etabliert, um in erster Linie einen *Studiengang* beziehungsweise eine mögliche Fächerkombination zu bezeichnen.

PPE-Studiengänge streben an, die drei Disziplinen Philosophie, Politikwissenschaft und Wirtschaftswissenschaft zu kombinieren. Begründet wurde das Studienfach bereits in den 1920er Jahren an der University of Oxford. Der Studiengang PPE war als Alternative zu den sogenannten »Classics« gedacht, um aktuellen gesellschafts- und wirtschaftspolitischen Fragen Raum zu geben. Kerngedanke des Studiengangs ist es, zeitgenössische soziale Phänomene aus verschiedenen disziplinären Blickwinkeln zu untersuchen und sich interdisziplinär mit Fragen der Wirtschaftsphilosophie und -politik auseinanderzusetzen.

Der PPE-Studiengang in Oxford hat zahlreiche prominente Politiker und Intellektuelle (wie etwa David Cameron, Philippa Foot, Tony Abbott oder Aung San Suu Kyi) hervorgebracht und gilt als Kaderschmiede der politischen Elite Englands. Aufgrund dieser Erfolge sowie des gesteigerten Bedarfs nach einer interdisziplinären Analyse ökonomischer Prozesse ist inzwischen eine Vielzahl ähnlicher Studiengänge sowohl auf Bachelor- wie auch auf Masterniveau vor allem in Europa und den USA eingerichtet worden.

Kritisiert wird der Studiengang in Oxford von einigen Vertretern der Wirtschaftsphilosophie mitunter dafür, dass die drei Studienfächer weitestgehend nebeneinander gelehrt werden, also keine echte interdisziplinäre Verbindung geschaffen wird, sondern lediglich einige Schnittfelder betrachtet werden. Zwar müssten Studierende jedes der drei Fächer zu einem gewissen Grad studieren, doch würden Themen in den einzelnen Veranstaltungen oft nicht angemessen mit den anderen Disziplinen verzahnt (vgl. Brennan et al. 2010). Einige der neueren PPE-Studiengänge versuchen darum, sich in diesem Aspekt von Oxford abzugrenzen und die integrative Verbindung der einzelnen Fächer stärker zu betonen.

5.2 Plurale Ökonomik

Seit Beginn der 2000er Jahre gibt es unter anderem in Deutschland, Frankreich, England und den USA verschiedene Bewegungen, deren Ziel es ist, die – je nach Standort – tatsächliche oder vermeintliche Dominanz der sogenannten Standard-Ökonomik in der wirtschaftlichen Praxis sowie in der Ausbildung und Lehre an Schulen und Hochschulen zu durchbrechen und sich für eine offenere und pluralistische ökonomische Bildung und Wissenschaft einzusetzen.

Unter Mainstream-Ökonomik wird dabei eine Wirtschaftswissenschaft verstanden, die, wie in Kapitel 2.4 beschrieben, utilitaristisch geprägt und dem neoklassischen Paradigma verhaftet ist, sich primär auf Rational-Choice-Modelle und den Homo oeconomicus bezieht und im Wesentlichen auf der Annahme beruht, dass auf perfekten Märkten durch die Verfolgung der je individuellen Eigeninteressen die gesellschaftliche Wohlfahrt maximiert werde. Diese Annahmen werden im Rahmen der Spieltheorie oder der Neuen Institutionenökonomik mathematisch modelliert. Doch sowohl empirische Erkenntnisse als auch andere Denkschulen widersprechen diesen Annahmen und den daraus abgeleiteten Modellen fundamental (vgl. Dürmeier 2005: 68 f.).

Die Bewegungen und Initiativen, die sich gegen die von ihnen wahrgenommene Begrenztheit der Ökonomik richten, nennen sich im angelsächsischen Raum »Real-World Economics«, in Frankreich post-autistische Ökonomie (»Économie Post-Autiste«) und im deutschsprachigen Raum »plurale Ökonomik«. Die angelsächsische Bezeichnung zielt dabei vor allem auf die Kritik an ökonomischen Modellen ab, die in den Augen ihrer Kritiker reale ökonomische Zusammenhänge nicht angemessen beschreiben und abbilden, also keinen Zusammenhang mit realen wirtschaftlichen Phänomenen haben oder darüber zumindest keine hilfreichen empirischen Aussagen treffen können. Die anderen beiden Bezeichnungen betonen dagegen stärker die Kritik an der als solchen empfundenen dogmatischen Enge oder Blindheit der Ökonomik, die außer der (Neo-)Klassik keine heterodoxen Zugänge wie etwa die feministische, marxistische, ökologische oder Postwachstums-Ökonomie zulasse (zu Ansätzen der heterodoxen Ökonomik vgl. Reardon 2009): »Der aus der Psychologie entlehnte Begriff ›Autismus‹ charakterisiert eine innere Zurückgezogenheit, um sich vorwiegend in der Welt seiner eigenen Vorstellungen und Phantasie zu bewegen. Soziale Kontakte und ihre Kommunikationsfähigkeiten sind stark eingeschränkt, Interessen verzerrt und das Verhalten oft abnormal. Einzelne Begabungen wie mathematisches Denken oder Musik können extrem ausgeprägt sein. Autismus kann man in der heutigen Mainstreamökonomik sowohl im Menschenbild des homo oeconomicus als auch im Wissenschaftsalltag des neoklassischen Mainstreams feststellen.« (Dürmeier 2005: 71)

Es geht der Bewegung folglich darum, die Mainstream-Ökonomik (wieder) für heterodoxe Themen wie Wissenschaftstheorie, Postkeynesianismus, Wirtschaftsethik, Evolutorik oder die Verwendung qualitativer Methoden zu öffnen. Die umfangreiche Anwendung der Mathematik dürfe nicht länger Selbstzweck sein, und so fordert die plurale Ökonomik »Wissenschaft statt Szientismus, Pluralismus statt neoklassischem Monotheismus, empirischen Realismus statt deduktiver Abstraktionen« (ebd.: 66). Diese methodische Vielfalt bedeutet beispielsweise, die Grenzen von Modellen anzuerkennen und sie um Fallstudien, Befragungen oder Begriffsdekonstruktionen zu ergänzen, die ebenfalls einen (möglicherweise anderen, wenigstens aber erweiterten) Blick auf die Realität bieten können (Rodrik 2015). Weiterhin solle der Sinnhorizont der Ökonomik erweitert werden und nicht bloß auf Effizienz und Wachstum abstellen, sondern um Motive der Steigerung von Lebensqualität oder der Erhaltung der natürlichen Lebensgrundlagen des Menschen ergänzt werden (vgl. ebd.: 72 f.).

In diesem Sinne ist die plurale Ökonomik im Kontext der Debatte um eine nachhaltige Entwicklung auf die Diskussion einer »transformativen Wirtschaftswissenschaft« ausgeweitet worden (vgl. Pfriem et al. 2017). Die transformative Wirtschaftswissenschaft versteht sich ebenfalls als heterodoxer Ansatz, der insbesondere »die Bedingungen und Möglichkeiten einer nachhaltigen Entwicklung von Wirtschaft und Gesellschaft analysiert und verbessern hilft« (Schneidewind et al. 2016: 30). Anknüpfend an die Debatte um die gesellschaftliche Rolle und Aufgabe von Wissenschaft in der Gesellschaft (vgl. Strunz/Gawel 2017) rückt dabei der performative Charakter der Wirtschaftswissenschaften in den Fokus. Die Ökonomik prägt demnach nicht nur politische Akteure, sondern auch gesamtgesellschaftlich Ansichten und Vorstellungen darüber, was ökonomisch und effizient ist: »[M]it einer auf die Optimierung einzelwirtschaftlicher Produktionsprozesse eng geführten Konzeption von Effizienz, die den gesellschaftlichen Folgewirkungen kein Augenmerk schenkte« (Schneidewind et al. 2016: 31), seien Modelle und Wahrnehmungsweisen begünstigt worden, die ökologische, soziale oder kulturelle Probleme nicht angemessen abbildeten. Die bereits geschilderte Enge der Ökonomik ist insofern »nicht nur das interne Problem einer akademischen Disziplin« (ebd.). Eine einseitige ökonomische Perspektive hat aufgrund ihrer performativen Wirkung vor allem im Rahmen von Expertise- und Beratungsengagements negative Auswirkungen auf Politik und Gesellschaft, indem sie einseitige Leitbilder vermittelt und Handlungsoptionen beschränkt. Konkret fordert der transformative Ansatz darum von den Wirtschaftswissenschaften mehr Transparenz im Sinne der Offenlegung ihrer normativen Annahmen; eine Reflexion der Folgewirkungen ökonomischer Wissenschaft; einen Wertebezug im Dienst einer nachhaltigen Entwicklung; Partizipation, ermöglicht durch eine verständliche Aufbereitung wissenschaftlicher Erkenntnis, und die Diskussion mit einer breiten Öffentlichkeit sowie Vielfalt im Sinne einer größeren Theorien- und Methodenpluralität (vgl. ebd.: 32).

Um diesen vielfältigen Anliegen zur Durchsetzung zu verhelfen, wurde im deutschsprachigen Raum unter anderem das »Netzwerk Plurale Ökonomik« gegründet. Wie in anderen Ländern ist die Bewegung aus studentischen Kreisen erwachsen und hat zum Ziel, die als einseitig empfundene akademische Lehre zu verändern und für die beschriebenen Ansätze zu öffnen, um jungen Nachwuchsökonomen eine stärker erweiterte Perspektive auf ökonomische Fragen zu vermitteln, als die neoklassische

Modellökonomik dies vermag (vgl. Netzwerk Plurale Ökonomik 2018). Um auf dieses Anliegen aufmerksam zu machen, organisiert das Netzwerk eigene Workshops auf Konferenzen und publiziert öffentlichkeits- und medienwirksame Aufrufe und offene Briefe, die auch von namhaften Ökonomen unterstützt werden.

Kritiker der Bewegung merken jedoch an, dass die Vertreter der Pluralen Ökonomik häufig ebenso dogmatisch argumentierten, wie sie es selbst der Mainstream-Ökonomik vorwerfen. So entsteht bei etablierten Ökonomen das Gefühl, es gehe hier weniger um einen echten Austausch von Positionen oder eine Verbesserung der akademischen Lehre, sondern vielmehr um eine Fundamentalkritik und die Abschaffung der bestehenden Mainstream-Ökonomik oder des kapitalistischen Wirtschaftssystems als solchem. Auch verwehren sich viele Ökonomen gegen die Kritik, nicht für Erkenntnisse aus anderen Wissenschaften offen zu sein, da die Ökonomik gerade in den letzten zwei Jahrzehnten eine Öffnung für Erkenntnisse beispielsweise der Psychologie, der Soziologie oder der Neurowissenschaften erlebt habe.

Die kritische Bewegung des sogenannten »New Economic Thinking« hat ein ganz ähnliches Anliegen. Institutionell geht sie auf das Institute for New Economic Thinking (INET) zurück, das unter dem Einfluss der Wirtschaftskrise 2009 in New York gegründet wurde. Das Institut, das vor allem durch den Mäzen George Soros gestiftet wurde, soll ebenfalls neue Denkansätze für die Volkswirtschaftslehre hervorbringen und somit deren Konzentration auf marktfundamentalistische Konzepte entgegenwirken. Zu den Gründungsmitgliedern zählen unter anderem George Akerlof, Sir James Mirrlees, A. Michael Spence und Joseph Stiglitz.

Das Institut plant eine Neugestaltung der Wirtschaftstheorie. Gefordert wird ein Umdenken im Rückblick auf die Entstehung vergangener Wirtschaftskrisen durch zu eng perspektivierte ökonomische Modelle und eine zu invasive Ansetzung kapitalistischer Paradigmen sowie die Vermeidung zukünftiger Krisen durch einen anderen Umgang mit Risiken und durch nachhaltiges Wirtschaften. Vor allem das Paradigma der (täuschenden) Sicherheit von Zukunftsprognosen, dem die traditionelle Ökonomik innerhalb wissenschaftlicher, aber auch politischer und gesellschaftlicher Kontexte allzu häufig gefolgt ist, gilt dem INET als Ausgangspunkt, um alternative Denkansätze zu initiieren. So hat die Finanzkrise in den Wirtschaftswissenschaften ein Nachdenken über etablierte Vorstellungen ausgelöst, weil die Unfähigkeit eines Großteils der wirtschaftswissenschaftlichen Ansätze, die Krise vorherzusagen, eine radikale Verunsicherung mit sich gebracht hat. In diesem Sinne lautet die programmatische Direktive auf der Homepage des INET: »Our work is grounded in history and is multidisciplinary by nature. We accept that complexity and uncertainty are inherent in economic and financial systems, and we question theories based upon the flawed assumption that humans always behave rationally and predictably. Traditional economics is failing us. Our goal is to offer hopeful solutions to the key challenges of the 21st century.« (INET 2009)

Entsprechend dieser Programmatik widmet sich das New Economic Thinking im Rahmen von Konferenzen, aber auch durch Stipendien für Forschungsarbeiten den ökonomischen und gesellschaftlichen Herausforderungen unserer Zeit, vor allem dem Zusammenspiel von Wirtschaft und Politik, der Bekämpfung sozialer und ökonomischer Ungleichheit, der globalen Gerechtigkeit und Nachhaltigkeit.

Trotz der alternativen Stoßrichtung des New Economic Thinking und der wissenschaftlichen Renommees seiner Gründungsmitglieder hat die hauptsächlich durch Soros finanzierte Institution einige Kritik erfahren. So beschreibt der Wirtschaftswissenschaftler Stefan Homburg das INET als eine Lobbyorganisation, die von George Soros dazu genutzt werde, Wissenschaftler für seine persönlichen Spekulationsziele zu gewinnen (Homburg 2012). Diese Ansicht findet jedoch auch Gegenstimmen in der Presse. So wird dem von Homburg unterstellten Eigeninteresse Soros' entgegengehalten, dass dieser sich als Vertreter seiner eigenen ökonomischen Theorie der Reflexivität (Soros 2008) und zugleich als Stifter des INETS nicht an den Auswahlverfahren für die vom INET vergebenen Stipendien beteilige und die Wahl der Forschungsthemen der Stipendiaten nicht aktiv zu seinen Gunsten beeinflusse (Johnson 2009; presseportal.ch).

5.3 Poststrukturalistische Positionen

Eine Denkrichtung, die der wirtschaftsphilosophischen Reflexion wichtige und noch weiter in den aktuellen Diskurs einzubindende Impulse geben kann, ist der französische Poststrukturalismus. Dieser geht davon aus, dass Sprache die Realität nicht nur abbildet, sondern Realität durch die sprachliche Konstruktion von Sinn ebenso hervorbringt. Die Konstruktion von Sinn ist dabei durch die Dynamik von Differenz- und Begriffsbildungen sowie durch Bedeutungszuschreibungen charakterisiert, deren konkrete Ausgestaltung durch historisch kontingente Machtkonstellationen beeinflusst wird. Die Thematisierung der Ökonomie im Poststrukturalismus konzentriert sich auf die zweite Hälfte des 20. Jahrhunderts, wird jedoch bereits durch einige zentrale Texte des späten 19. Jahrhunderts sowie des beginnenden 20. Jahrhunderts vorbereitet, auf die sich die Diskussion im späteren Verlauf des 20. Jahrhunderts bezieht.

Eine frühe, aber wichtige Referenz für das Verständnis sowohl des Ökonomischen als auch des Moralischen im poststrukturalistischen Denken ist die Streitschrift *Zur Genealogie der*

Moral von Friedrich Nietzsche (1999d), in der eine Kritik der Moral vorgenommen wird, die einen Akzent auf den Zusammenhang zwischen ökonomischen und ethischen Prinzipien legt (siehe Kapitel 4.1). So zeigt Nietzsche auf, dass moralische Grundbegriffe wie z.B. Gerechtigkeit oder Schuld keine zeitlose Geltung haben, sondern vielmehr *genealogischen* Veränderungen und kontingenten Machteinflüssen unterliegen. Dass moralische Grundbegriffe wie Gerechtigkeit auf der Logik der Abzahlung von Schulden beruhen und damit von einer ökonomischen Logik grundiert sind, bildet ein wesentliches Paradigma der Moralgenealogie Nietzsches. Ein weiterer zentraler Grundlagentext für die poststrukturalistische Debatte ist der Essay *Die Gabe* von Marcel Mauss (1978) aus dem Jahr 1924. In diesem Text beschreibt Mauss die Genese der Sozialität aus dem Vorgang des Tauschs, den er anhand archaischer Tauschsysteme untersucht. Dabei kommt er zu dem Schluss, dass der Gabe eine Kraft innewohnt, die deren Empfänger geradezu zur Gegengabe zwingt und damit einen Tauschprozess initiiert, der konstitutiv für die Verbindung sozialer und ökonomischer Prozesse ist.

Einen Mittelpunkt der wirtschaftsphilosophischen Diskussion im Poststrukturalismus bilden entsprechend die Kritik und Ausdifferenzierung der unterschiedlichen Dimensionen des Begriffs der Reziprozität, die ebenfalls auf den Essay von Mauss über die Gabe (1978) zurückgehen. Hierbei lassen sich zwei wesentliche Positionen ausmachen: einerseits diejenige, die Reziprozität als das Resultat einer nutzenmaximierenden Tauschlogik versteht, und andererseits eine solche, die diese als eine Form von nicht auf Nutzenmaximierung beruhender Gegenseitigkeit ausweist. Eine solche nicht-ökonomische Gegenseitigkeit beruht im Unterschied zur nutzenmaximierenden Reziprozität auf der Anerkennung der Fremdheit des Anderen, wie sie etwa die Philosophie von Emmanuel Levinas (1985: 98; 1992; 2002) thematisiert.

In der Rezeption des Essays *Die Gabe* bildet der Begriff Reziprozität einen Kristallisationspunkt für das komplexe Verhältnis von ökonomischen und ethischen Prinzipien, da Mauss davon ausgeht, dass rechtliche und moralische Normen ursprünglich durch Reziprozität und die durch sie evozierte Verpflichtung zur Erwiderung von »Gaben« beeinflusst waren. Die Ausdeutung des Begriffs der Reziprozität erfolgte in der anschließenden poststrukturalistischen Diskussion im Sinne der beiden beschriebenen Positionen sowohl im Rahmen einer Zuordnung als auch in Abgrenzung von einer ökonomischen Logik des Tauschs. Insbesondere Jacques Derrida vertritt einen sehr weiten Begriff der »Ökonomie«, wonach intentionale Akte des Gebens, sobald sie die Erwartung einer Gegengabe beinhalten, immer auch einer ökonomischen Tauschlogik unterliegen (Derrida 1993). Lediglich ein ganz unerwartetes Ereignis, das jeglicher nutzenorientierten Erwartung entzogen ist, kann demgegenüber die Möglichkeit einer nicht-ökonomischen »Gabe« (ebd.) eröffnen. Allerdings wird ein solches Ereignis im Moment seiner retrospektiven Beschreibung, durch seine nachträgliche Benennung und die Rekonstruktion der Ursachen seines Zustandekommens, wieder in eine Ökonomie des Zeichentauschs eingebettet (Derrida 1988; 2003). Die Benennung eines Ereignisses unterliegt insofern einer Paradoxie, als es einerseits kein Teil einer vorherigen Erwartung sein kann, sondern erst nachträglich – nachdem es bereits hereingebrochen ist – als Ereignis benannt und beschrieben werden kann. Andererseits wird das Ereignis durch den Vorgang der Benennung und Einordnung zum Bestandteil der Erfahrung und liefert damit Stoff für Zukunftsprognosen und nutzenorientierte Erwartungen. Das Ereignis bildet somit einen Motor für die Dynamik der Reziprozität, wenngleich es dem direkten Tauschvorgang entzogen ist.

Ein besonders markantes Beispiel für die Paradoxie des Ereignisses und die damit verbundene Kritik einer nutzenorientierten Reziprozität bilden Derridas moralkritische Ausführungen zum Begriff des Verzeihens. Denn das Verzeihen unterliegt Derrida zufolge einerseits einer nutzenorientierten Tauschlogik, insofern es auf der Grundlage der Bedingungen des Schuldbekenntnisses und der Bitte um Verzeihung gewährt wird, was denjenigen, der verzeiht, in eine asymmetrische Machtposition versetzt. Andererseits sprengt das Verzeihen den Bereich der nutzenorientierten Reziprozität, indem es das absolut Neue im Sinne eines nicht erwarteten Ereignisses evoziert und somit die Möglichkeit eröffnet, jenseits einer Logik der Abzahlung von Schuld mit der vergangenen Schuldkausalität zu brechen und neu anzufangen. Mit Blick auf den »Wahnsinn« und die »Ökonomie« des Verzeihens (Derrida 1993) beschreibt Derrida eine Doppelbödigkeit dieses Begriffs, die eine Spannung zwischen ethischen und ökonomischen Prinzipien unter dem Gesichtspunkt der Reziprozität zum Ausdruck bringt (Rauen 2015).

Während Derrida die Erwartung der Erwiderung von »Gaben« als eine der Ursachen der nutzenmaximierenden Logik herausstellt und somit die ökonomische Dimension intentionaler Tauschakte thematisiert, widerspricht Marcel Hénaff dieser Interpretation explizit (Hénaff 2014: 28 ff.). Gegen Derrida stellt er fest, dass der nutzenmaximierende Tausch entsprechend dem Modell des Homo oeconomicus in den von Mauss untersuchten Tauschsystemen nicht das entscheidende Moment ist. Vielmehr weisen die betreffenden Tauschsysteme auf einen sozialen Anerkennungsprozess hin, der aus einem Austausch von Symbolen gegenseitiger Anerkennung resultiert. Dass der Gabentausch auf einem Austausch von Symbolen basiert, wurde in der strukturalistischen Tradition bereits von Claude Lévi-Strauss (1974) festgestellt. Im Rückgang auf Studien von Annette Weiner (1992) und Maurice Godelier (1999) betont Hénaff jedoch die Konstituierung dieser Tauschprozesse durch einen nicht tauschbaren Ursprung. Diesen nicht tauschbaren Ursprung der Reziprozität findet Hénaff in Mauss' Essay über die Gabe durch die sogenannten *sacra* angesprochen. Bei diesen handelt es sich um heilige Objekte, von denen die von Mauss beschriebenen archaischen Gemeinschaften sich niemals trennen. Hénaff zufolge sind diese *sacra* ursächlich für das Entstehen von Sozialität und ethische Beziehungen; sie sind jedoch zugleich der Grund für das Zustandekommen von ökonomischen Tauschvorgängen. Denn die *sacra* symbolisieren einerseits die Identität der Gruppe, andererseits beinhaltet diese Identitätsstiftung – wenn auch oftmals aus einer Abgrenzungsbewegung heraus – einen konstitutiven Bezug zum »Fremden« (Hénaff 2009: 595), der der eigenen Identität nicht einverleibt werden kann. Dieser Fremde stört zwar die Dynamik der Reziprozität, da er sich dem Erwartungshorizont, der notwendig auf das Bekannte rekurrieren muss, entzieht. Er eröffnet jedoch – ähnlich wie im Zusammenhang mit Derridas Ereignisbegriff beschrieben – auch die Möglichkeit, das Neue im Sinne des völlig Unerwarteten ereignen zu lassen und somit neue Tauschvorgänge anzustoßen.

Die ethische Dimension der Reziprozität besteht nach Hénaff – der hier der Alteritätsethik von Levinas folgt – in der Schaffung einer Grundlage für die Anerkennung der Fremdheit des Anderen, die für den gesellschaftlichen Zusammenhalt grundlegend ist. Die Forderung nach einem ethischen Prinzip der Anerkennung wurde in der französischen Philosophie des 20. Jahrhunderts nicht nur durch Hénaff und Levinas, sondern in kritischer Auseinandersetzung mit der Herr-Knecht-Dialektik Hegels und der Marx'schen Kapitalismuskritik auch durch Alexandre Kojève (1975) prominent gemacht. Das Verdienst von Hénaff liegt darin, in seiner wirtschaftsphilosophischen Studie ein der ökonomischen Logik heterogenes Prinzip, nämlich die grundlegende Dimension der Anerkennung des irreduzibel Fremden für die Ethik hervorgehoben zu haben – unter gleichzeitiger Berücksichtigung der Notwendigkeit normativer Ordnungsstrukturen sowie sozialer, ökonomischer und politischer Tauschsysteme: »Und weil die politischen Gesellschaften auch Gesellschaften der Aufgabenteilung sind, ist es auch notwendig, daß der Güteraustausch vom Markt reguliert und einem Gerechtigkeitsprinzip unterworfen wird. Kurz, die modernen Gesellschaften verlangen vom Gesetz, daß es die öffentliche Anerkennung jedes einzelnen gewährleistet, vom Markt, daß er den Lebensunterhalt organisiert, und von den privaten Gabenbeziehungen, daß sie für das soziale Band sorgen. Doch ohne dieses soziale Band [...] ohne diese [...] persönliche Anerkennung [...] ist eine Gemeinschaft einfach nicht möglich.« (Hénaff 2009: 238)

Die Betonung der Fremdheit als Ursprung von Tauschvorgängen betrifft auch den Kern der Philosophie des Geldes, die sowohl Hénaff in seiner Monografie *Der Preis der Wahrheit* als auch Derrida in *Falschgeld. Zeit geben I* ansprechen. Beide heben auf die Symbolizität des Geldes und seine daraus resultierende fluide Bedeutungsstruktur ab, die dessen »Wert« letztlich einer historischen Kontingenz unterwirft. Zurückgehend auf Georg Simmel betont Hénaff die leere Äquivalenzstruktur des Geldes, die Geld zum Tauschmedium für beliebige Güter gerinnen lässt und somit die aus ethischer Sicht fragwürdigen Prozesse der Kommodifizierung (ihm dient die »Käuflichkeit« philosophischen Wissens als Beispiel dafür) sowie eine Überdeckung der ethischen Dimension der Anerkennung des Fremden durch ökonomische Tauschvorgänge begünstigt.

Im Rahmen der Moralkritik, aber auch der Kritik des ökonomischen Systems spielen nicht zuletzt die Studien Michel Foucaults (2005, 2006) für eine wirtschaftsphilosophische Auseinandersetzung mit der Vormachtstellung der ökonomischen Rationalität eine wichtige Rolle. Auch die von Derrida behandelte Theorie der »Verausgabung« Georges Batailles (1975), die ein Gegenmodell zu den klassischen ökonomischen Paradigmen der Nutzenmaximierung und des Sparens darstellt, bietet kritische Ansatzpunkte für eine »heterodoxe« Ökonomie, indem sie den Grundgedanken der Knappheit weitgehend ausklammert und gegen das Prinzip des Sparens eine provozierende Ökonomie der Verschwendung beschreibt. Grundsätzlich ist festzuhalten, dass die wirtschaftsphilosophische Dimension des poststrukturalistischen Denkens bisher noch wenig erforscht ist, sodass sich für die weitere Auseinandersetzung eine Fülle von Anschlussmöglichkeiten bietet.

Ausblick

Die Wirtschaftsphilosophie blickt auf eine lange Tradition zurück, die über die neuere Wirtschaftsgeschichte hinausgeht. Sie umfasst dabei einen weiteren Bereich als die Wirtschaftsethik und beschäftigt sich mit grundlegenderen Fragen als die Wirtschaftstheorie oder Wirtschaftssoziologie. Die Wirtschaftsphilosophie, so lässt sich resümieren, beruht auf einem integrativen Ansatz, der Methoden und Themen der Wirtschaftsethik, der Wirtschaftssoziologie und der Wirtschaftsontologie miteinander verbindet.

Diese Verbindung erschwert es zwar, wie in der Einleitung beschrieben, die Wirtschaftsphilosophie als eigenständige Disziplin zu erfassen. Doch liegt die Leistung wirtschaftsphilosophischer Ansätze gerade darin, sich aus einer erweiterten Perspektive mit den Grundlagen von Wirtschaftsprozessen zu beschäftigen und dabei epistemische, normative, soziale und kulturelle Aspekte gleichermaßen in den Blick zu nehmen. Die hier vorgestellte Wirtschaftsphilosophie verfolgt einen methodischen und thematischen Pluralismus, der lange Zeit kritisiert wurde, inzwischen aber zunehmend auch von den ökonomischen Wissenschaften selbst eingefordert wird.

Vor diesem Hintergrund steht einem Comeback der Wirtschaftsphilosophie eigentlich nichts im Wege. Es wäre zu wünschen, dass sich an den Universitäten, in Forschung und Lehre, aber auch in der Öffentlichkeit ein neues Interesse an wirtschaftsphilosophischen Fragen herausbildet. Nicht nur, weil es am Anfang des 20. Jahrhunderts schon einmal Versuche gegeben hat, die Disziplin der Wirtschaftsphilosophie zu etablieren, und diese heute unterschiedliche Fortsetzungen finden, die von der ökonomischen Philosophie bis zu Philosophy and Economics reichen. Wirtschaftsphilosophische Ansätze sind vor allem deshalb relevant, weil sie eine reduktionistische Auffassung ökonomischer, aber auch ethischer Theorien vermeiden und zu einem aufgeklärten Selbstverständnis moderner Marktgesellschaften beitragen. Auch wenn der Wirtschaftsphilosophie kein leitendes Paradigma zugrunde liegt, ist sie für Gesellschaften, die in erheblicher Weise von ökonomischen Entscheidungen, Investitionen und Planungen geprägt sind und deren Zukunft maßgeblich davon abhängt, dass in der Gegenwart die richtigen Weichenstellungen getroffen werden, von Bedeutung. Eine ökonomisch informierte Philosophie und eine philosophisch informierte Ökonomik können dazu einen wichtigen Teil beisteuern.

Anhang

Literatur

Adorno, Theodor W. (2014): Minima Moralia. Reflexionen aus dem beschädigten Leben, Frankfurt am Main: Suhrkamp.

Agamben, Giorgio (2003): Das Offene, Frankfurt am Main: Suhrkamp.

Agenda 21: http://www.un.org/Depts/german/conf/agenda21/agenda_21.pdf (05.03.2019).

Akerlof, George A./Kranton, Rachel E. (2011): Identity Economics, München: Hanser.

Akerlof, George A./Shiller, Robert J. (2009): Animal Spirit. Wie Wirtschaft wirklich funktioniert, Frankfurt am Main/New York: Campus.

Albert, Hans (1967): Marktsoziologie und Entscheidungslogik. Ökonomische Probleme in soziologischer Perspektive, Neuwied/Berlin: Luchterhand.

Albert, Hans (1991): Traktat über kritische Vernunft, 5. Auflage, Tübingen: J.C.B. Mohr.

Anaximander (2004): Fragment 12 B 1, in: Kranz, Walther (Hg.): Die Fragmente der Vorsokratiker, Griechisch und Deutsch von Hermann Diels, Bd. 1, 6. Aufl., Zürich: Weidmann, S. 89.

Apel, Karl-Otto (1976): Transformation der Philosophie, Frankfurt am Main: Suhrkamp.

Arendt, Hannah (1981): Vita activa oder Vom tätigen Leben, 2. Aufl., München: Piper.

Aristoteles (1995): Nikomachische Ethik, übers. v. Eugen Rolfs, Hamburg: Meiner.

Aristoteles (2012): Politik, hrsg. v. Eckart Schütrumpf, Hamburg: Meiner.

Aßländer, Michael S. (2011): Grundlagen der Wirtschafts- und Unternehmensethik, Marburg: Metropolis.

Aßländer, Michael S. (2015): »Philosophie und Unternehmensethik«, in: van Aaken, Dominik/Schreck, Philipp (Hg.): Theorien der Wirtschafts- und Unternehmensethik, Berlin: Suhrkamp, S. 385–411.

Aßländer, Michael S./Wagner, Bernd (2017): »Einführung: Arbeit und Philosophie«, in: dies. (Hg.): Philosophie der Arbeit: Texte von der Antike bis zur Gegenwart, Berlin: Suhrkamp, S. 11–28.

Augustinus, Aurelius (1955): Vom Gottesstaat, Bd. 1, Zürich: Artemis.

Augustinus, Aurelius (2007): Bekenntnisse. Confessiones, aus dem Lateinischen übers. v. J. Bernhart, hrsg. v. J. Ulrich, Frankfurt am Main/Leipzig: Insel.

Baecker, Dirk (2003): Kapitalismus als Religion, Berlin: Kadmos.

Barry, Christian/Pogge, Thomas (eds.) (2006): Global Institutions and Responsibilities: Achieving Global Justice, Oxford: Blackwell Publishing.

Bartelmus, Peter/Albertz, Jörg/Tschochohei, Heinrich (2003): »Wie teuer ist (uns) die Umwelt? Zur umweltökonomischen Gesamtrechnung in Deutschland«, Wuppertal Paper, Nr. 128.

Bataille, Georges (1975): Das theoretische Werk I: Die Aufhebung der Ökonomie (Der Begriff der Verausgabung – Der verfemte Teil – Kommunismus und Stalinismus), München: Rogner & Bernhard.

Beck, Ulrich (1986): Die Risikogesellschaft: Auf dem Weg in eine andere Moderne, Frankfurt am Main: Suhrkamp.

Becker, Gary S. (1976): The Economic Approach to Human Behavior, Chicago: The University of Chicago Press.

Becker, Gary S. (1982): Der ökonomische Ansatz zur Erklärung menschlichen Verhaltens, Tübingen: Mohr Siebeck.

Beckert, Jens (2018): Imaginierte Zukunft Fiktionale Erwartungen und die Dynamik des Kapitalismus, Berlin: Suhrkamp.

Benjamin, Walter (2003): »Kapitalismus als Religion«, in: Baecker, Dirk (Hg.): Kapitalismus als Religion, Berlin: Kadmos, S. 15–18.

Berghoff, Helmut (2016): Moderne Unternehmensgeschichte. Eine themen- und theorieorientierte Einführung, 2. Aufl., Berlin/Boston: De Gruyter.

Berolzheimer, Fritz (1963): System der Rechts- und Wirtschaftsphilosophie, 5 Bde., Aalen: Scientia.

Beschorner, Thomas (2015): »Kulturalistische Wirtschaftsethik. Grundzüge einer Theorie der Anwendung«, in: Theorien der Wirtschafts- und Unternehmensethik, hrsg. von Dominik van Aaken und Philipp Schreck, Berlin: Suhrkamp, S. 151–180.

Blumenberg, Hans (1976): »Selbsterhaltung und Beharrung – Zur Konstitution der neuzeitlichen Rationalität«, in: Ebeling, Hans (Hg.), Subjektivität und Selbsterhaltung, Frankfurt am Main: Suhrkamp, S. 144–207.

Blumenberg, Hans (1986): Lebenszeit und Weltzeit, Frankfurt am Main: Suhrkamp.

Boltanski, Luc/Chiapello, Ève (2003): Der neue Geist des Kapitalismus, Konstanz: UVK.

Boulding, Kenneth E. (1969): »Economics as a Moral Science«, in: The American Economic Review, Vol. 59, No. 1, S. 1–12.

Bourdieu, Pierre (1983): »Ökonomisches Kapital, kulturelles Kapital, soziales Kapital«, in: Kreckel, Reinhard (Hg.): Soziale Ungleichheiten (Soziale Welt Sonderband 2), Göttingen: Schwarz & Co., Originalbeitrag, übersetzt von Reinhard Kreckel, S. 183–198.

Bowles, Samuel (2016): The Moral Economy. Why Good Incentives Are No Substitute for Good Citizens, New Haven/London: Yale University Press.

Brennan, Geoffrey/Buchanan, J. M. (1985): The Reason of Rules: Constitutional Political Economy, Cambridge et al.: Cambridge University Press.

Brennan, Geoffrey/Hamlin, Alan/Kliemt, Hartmut (2010): »PPE: An appraisal«, in: Politics, Philosophy & Economics 9.4, S. 363–365.

Brennan, Jason/Jaworksi, Peter M. (2016): Markets without Limits. Moral Virtues and Commercial Interests, New York/London: Routledge.

Bröckling, Ulrich (2007): Das unternehmerische Selbst. Soziologie einer Subjektivierungsform, Frankfurt am Main : Suhrkamp.

Brundtland-Bericht: https://en.wikisource.org/wiki/Brundtland_Report (05.03.2019)

Büchele, Herwig/Pelinka, Anton (2012): Qualitatives Wirtschaftswachstum – eine Herausforderung für die Welt, Innsbruck: Innsbruck University Press.

Bühl, Walter L. (1998): Verantwortung für soziale Systeme. Grundzüge einer globalen Gesellschaftsethik, Stuttgart: Klett-Cotta.

Bürgin, Alfred (1996): Zur Soziogenese der Politischen Ökonomie. Wirtschaftsgeschichtliche und dogmenhistorische Betrachtungen, 2., durchges. Aufl., Marburg : Metropolis.

Cantoni, Davide (2015): »The economic effects of the Protestant Reformation: testing the Weber hypothesis in the German lands«, in: Journal of the European Economic Association, 13.4, S. 561–598.

Ciulla, Joanne B. (1995): »Leadership ethics: Mapping the territory«, in: Business Ethics Quarterly 5.1, S. 5–28.

Coase, Ronald H. (1937): »The Nature of the Firm«, in: Economica 4, Issue 16, S. 386–405.

Cohen, Hermann (1966): Religion der Vernunft aus den Quellen des Judentums, nach dem Manuskript des Verfassers neu durchgearbeitet von Bruno Strauß, Darmstadt: Melzer Verlag.
Coleman, James S. (1990): Foundations of Social Theory, Cambridge (Mass.): Harvard University Press.
Crouch, Colin (2008): Postdemokratie, Frankfurt am Main: Suhrkamp.
Crouch, Colin (2011): Das befremdliche Überleben des Neoliberalismus, Berlin: Suhrkamp.
Daly, Herman (1999): Wirtschaft jenseits von Wachstum, Salzburg/München: Pustet.
Davidson, Donald (2001): Essays on Actions and Events, 2nd edition, Oxford: Oxford University Press.
De George, Richard T. (1992): »Unternehmensethik aus amerikanischer Sicht«, in: Lenk, Hans/Maring, Matthias (Hg.): Wirtschaft und Ethik, Stuttgart: Reclam, S. 301–316.
Derpmann, Simon (2014): »Es ist, was es ist – Geld als soziale Relation«, Polar, 17, S. 29–34.
Derpmann, Simon (2016): »Geld als Ware«, in: Schmidt am Busch, Hans-Christoph (Hg.): Die Philosophie des Marktes — The Philosophy of the Market, Hamburg: Meiner, S. 227–253.
Derrida, Jacques (1988), »Signatur, Ereignis, Kontext«, in: ders.: Randgänge der Philosophie, Wien: Passagen, S. 291–314.
Derrida, Jacques (1993). Falschgeld. Zeit geben I, München: Fink.
Derrida, Jacques (2003): Eine gewisse unmögliche Möglichkeit, vom Ereignis zu sprechen, Leipzig: Merve.
Derrida, Jacques (2004): Marx' Gespenster, Frankfurt am Main: Suhrkamp.
Döring, Ralf/Ott, Konrad (2011): Theorie und Praxis starker Nachhaltigkeit, Marburg: Metropolis.
Dürmeier, Thomas (2005): »Post-Autistic Economics. Eine studentische Intervention für plurale Ökonomik«, in: Intervention. Zeitschrift für Ökonomie, Jg. 2, H. 2, S. 65–76.
Eichhorst, Werner/Hinte, Holger/Rinne, Ulf/Tobsch, Verena (2016): »How big is the gig? Assessing the preliminary evidence on the effects of digitalization on the labor market«, in: IZA Policy Paper, No. 117, Institute for the Study of Labor (IZA), Bonn.
Erhard, Ludwig (2009): Wohlstand für alle, Köln: Anaconda.

Esposito, Elena (2010): Die Zukunft der Futures: Die Zeit des Geldes in Finanzwelt und Gesellschaft, Heidelberg: Carl-Auer.

Esposito, Elena (2017): »Die Zukunft in der Gegenwart nutzen: zum Umgang mit Risiken und Überraschungen an den Finanzmärkten«, in: Priddat, Birger/Rauen, Verena (2017): Die Welt kostet Zeit. Zeit der Ökonomie – Ökonomie der Zeit, Marburg: Metropolis.

Eucken, Walter (1990): Grundsätze der Wirtschaftspolitik, hrsg. von Edith Eucken und K. Paul Hensel, 6., durchges. Aufl./mit einem Vorwort zur Neuausgabe 1990 von Ernst-Joachim Mestmäcker, Tübingen: J.C.B. Mohr.

Europäische Kommission (2011): Eine neue EU-Strategie (2011–14) für die soziale Verantwortung der Unternehmen (CSR), KOM/2011/0681, Brüssel.

Falk, Armin (2001): Homo Oeconomicus Versus Homo Reciprocans: Ansätze für ein Neues Wirtschaftspolitisches Leitbild?, Working Paper Series Nr. 79, Institut für Empirische Wirtschaftsforschung.

Falk, Armin/Szech, Nora (2013): »Morals and Markets«, in: Science, Vol. 340, Issue 6133, S. 707–711.

Fehr, Ernst/Gächter, Simon (2000): Fairness and Retaliation: The Economics of Reciprocity, Journal of Economic Perspectives.

Fenner, Dagmar (2010): Einführung in die Angewandte Ethik, Stuttgart: UTB.

Fichte, Johann Gottlieb (1922): Der geschloßne Handelsstaat. Ein philosophischer Entwurf als Anhang zur Rechtslehre, und Probe einer künftig zu liefernden Politik, 2. Aufl., neu hrsg. v. Fritz Medicus, Leipzig: Meiner.

Flechtheim, Ossip K./Lohmann, Hans-Martin (2003): Marx zur Einführung, Hamburg: Junius.

Föllinger, Sabine (2016): Ökonomie bei Platon, Berlin/Boston: De Gruyter.

Foucault, Michel (2005): Analytik der Macht, Frankfurt am Main: Suhrkamp.

Foucault, Michel (2006): Geschichte der Gouvernementalität, Band 1 & 2, Frankfurt am Main: Suhrkamp.

Franklin, Benjamin (1819): »Guter Rat an einen jungen Handwerker«, in: ders., Nachgelassene Schriften und Correspondenz, Bd. 5, Weimar.

Freeman, Edward R. (1984): Strategic Management: A Stakeholder Approach, Marshfield: Pitman.

Frey, Bruno S./Stutzer, Alois (2002): Happiness and Economics. How the Economy and Institutions Affect Well-Being, Princeton: Princeton University Press.

Friedman, Milton (2004): Kapitalismus und Freiheit, München: Piper.
Fücks, Ralf (2013): Intelligent wachsen: Die grüne Revolution, München: Hanser.
Fukuyama, Francis (1992): Das Ende der Geschichte. Wo stehen wir?, München: Kindler.
Fulcher, James (2007): Kapitalismus, Reclam: Stuttgart.
Gadenne, Volker/Neck, Reinhard (Hg.) (2011): Philosophie und Wirtschaftswissenschaft, Tübingen: Mohr Siebeck.
Galbraith, John Kenneth (1963): Gesellschaft im Überfluss, München/Zürich: Droemer/Knaur.
Garriga, Elisabet/Melé, Domènec (2004): »Corporate social responsibility theories: Mapping the territory«, in: Journal of business ethics, 53. Jg., Nr. 1–2, S. 51–71.
Giddens, Anthony (1999): Der dritte Weg. Die Erneuerung der sozialen Demokratie, Frankfurt am Main: Suhrkamp.
Gigerenzer, Gerd (2010): Moral satisficing: rethinking moral behavior as bounded rationality, Topics in Cognitive Science Nr. 2.
Gigerenzer, Gerd/Selten, Reinhard (Hg.) (2001): Bounded rationality: The adaptive toolbox, Cambridge, Mass. u.a.: MIT Press.
Gigerenzer, Gerd/Todd, Peter M./ABC Research Group (2000): Simple Heuristics that Make Us Smart, Oxford: Oxford University Press.
Godelier, Maurice (1999): Das Rätsel der Gabe. Geld, Geschenke, heilige Objekte, Munchen: C.H. Beck.
Göbel, Elisabeth (2010): Unternehmensethik: Grundlagen und praktische Umsetzung, Stuttgart: UTB.
Graham, Carol (2008): »Happiness, Economics of«, in: Palgrave Macmillan (eds.): The New Palgrave Dictionary of Economics, London: Palgrave Macmillan.
Grimstein, Jens/Skrandies, Timo/Urban, Urs (2015): Texte zur Theorie der Arbeit, Reclam: Stuttgart.
Gross, Peter (1994): Die Multioptionsgesellschaft, Frankfurt am Main: Suhrkamp.
Gutenberg, Erich (1951), Grundlagen der Betriebswirtschaftslehre, Band 1: Die Produktion, Berlin et al.: Springer. Habermas, Jürgen (1981): Theorie des kommunikativen Handelns, 2 Bde., Frankfurt am Main: Suhrkamp.

Hahn, Rüdiger/Janzen, Henrik/Matten, Dirk (Hg.) (2012): Die gesellschaftliche Verantwortung von Unternehmen. Hintergründe, Schwerpunkte und Zukunftsperspektiven, Stuttgart: Schäffer-Poeschel.

Hamacher, Werner (2003): »Schuldgeschichte – Benjamins Skizze ›Kapitalismus als Religion‹«, in: Baecker, Dirk (Hg.), Kapitalismus als Religion, Berlin: Kadmos, S. 77–119.

Hands, D. Wade (2008): »Philosophy and Economics«, in: Durlauf, S. N./ Blume, L. E. (Hg.), The New Palgrave Dictionary of Economics, 2nd edition, Palgrave, S. 410–420.

Hardt, Michael/Negri, Antonio (2003): Empire. Die neue Weltordnung, Frankfurt/New York: Campus.

Hausman, Daniel M. (2018): »Philosophy of Economics«, in: The Stanford Encyclopedia of Philosophy (Fall 2018 Edition), Edward N. Zalta (ed.), forthcoming URL = <https://plato.stanford.edu/archives/fall2018/e tries/economics/> (05.03.2019).

Hausman, Daniel M./McPherson, Michael S. (2006): Economic Analysis, Moral Philosophy, and Public Policy, 2. Aufl., Cambridge: Cambridge University Press.

Hayek, Friedrich August von (1996): Die Anmaßung von Wissen, Tübingen: Mohr Siebeck.

Hayek, Friedrich August von (2005): Die Verfassung der Freiheit, hrsg. von Alfred Bosch und Reinold Veit, Tübingen: Mohr Siebeck.

Hegel, Georg W. F. (1986a): »Über die wissenschaftlichen Behandlungsarten des Naturrechts, seine Stelle in der praktischen Philosophie und sein Verhältnis zu den positiven Rechtswissenschaften«, in: Jenaer Schriften 1801–1807 (Georg Wilhelm Friedrich Hegel Werke, Band 2), hrsg. v. Eva Moldenhauer und Karl Markus Michel, Frankfurt am Main: Suhrkamp, S. 434–530.

Hegel, Georg W. F. (1986b): Grundlinien der Philosophie des Rechts (Georg Wilhelm Friedrich Hegel Werke, Band 7), hrsg. v. Eva Moldenhauer und Karl Markus Michel, Frankfurt am Main: Suhrkamp.

Hegel, Georg W. F. (2000): »Vorlesungen über die Philosophie des Rechts«, Berlin 1819/20, nachgeschrieben von J. R. Ringier, hrsg. v. Emil Angehrn u.a., in: ders.: Vorlesungen. Ausgewählte Nachschriften und Manuskripte, Bd. 14, Hamburg: Meiner.

Heidbrink, Ludger (2003): Kritik der Verantwortung. Zu den Grenzen verantwortlichen Handelns in komplexen Kontexten, Weilerswist: Velbrück.

Heidbrink, Ludger (2011): »Der Verantwortungsbegriff der Wirtschaftsethik«, in: Handbuch der Wirtschaftsethik, hrsg. von Michael Aßländer, Stuttgart/Weimar: Metzler, S. 188–197.

Heidbrink, Ludger (2012): »Unternehmen als politische Akteure. Eine Ortsbestimmung zwischen Ordnungsverantwortung und Systemverantwortung«, in: ORDO. Jahrbuch für die Ordnung von Wirtschaft und Gesellschaft, Band 63, Stuttgart: De Gruyter, S. 203–231.

Heidbrink, Ludger/Hirsch, Alfred (Hg.) (2006): Verantwortung in der Zivilgesellschaft. Zur Konjunktur eines widersprüchlichen Prinzips, Frankfurt am Main/New York: Campus.

Heidbrink, Ludger/Rauen, Verena (2016): »Warum Wirtschaftsphilosophie? Eine kontroverse Auseinandersetzung«, in: Was ist? Wirtschaftsphilosophische Erkundungen, hrsg. von Wolf Dieter Enkelmann und Birger P. Priddat, Marburg: Metropolis, S. 183–207.

Heidbrink, Ludger/Seele, Peter (2008): »Corporate Responsibility Culture. Unternehmenskultur, unternehmerische Verantwortung und regionale Einbettung«, in: Verantwortung als marktwirtschaftliches Prinzip. Zum Verhältnis von Moral und Ökonomie, hrsg. von Ludger Heidbrink und Alfred Hirsch, Frankfurt am Main/New York: Campus, S. 175–196.

Heidbrink, Ludger/Schmidt, Imke/Ahaus, Björn (Hg.) (2011): Die Verantwortung des Konsumenten: Über das Verhältnis von Markt, Moral und Konsum, Frankfurt am Main: Campus.

Heidenreich, Felix (2012): Wirtschaftsethik zur Einführung, Hamburg: Junius.

Heilbroner, Robert L. (2008): »Wealth«, in: Durlauf, Steven N./Blume Lawrence E. (Hg.): The New Palgrave Dictionary of Economics, 2nd edition.

Heise, Arne/Sander, Henrike/Thieme, Sebastian (2017): Das Ende der Heterodoxie? Die Entwicklung der Wirtschaftswissenschaften in Deutschland, Wiesbaden: Springer VS.

Hénaff, Marcel (2009): Der Preis der Wahrheit – Gabe, Geld und Philosophie, Frankfurt am Main: Suhrkamp.

Hénaff, M. (2014): Die Gabe der Philosophen. Gegenseitigkeit neu denken, Bielefeld: transcript.

Hensel, K. Paul (1978): Grundformen der Wirtschaftsordnung. Marktwirtschaft – Zentralverwaltungswirtschaft, 3. Aufl., München: C.H. Beck.

Hirschman, Albert O. (1984): Leidenschaften und Interessen. Politische Begründung des Kapitalismus vor seinem Sieg, 2. Aufl., Frankfurt am Main: Suhrkamp.

Hiß, Stefanie/Nagel, Sebastian (2017): »Unternehmen als gesellschaftliche Akteure«, in: Handbuch der Wirtschaftssoziologie, hrsg. von Andrea Maurer, 2. Aufl., Wiesbaden: Springer VS, S. 331–348.

Hodgson, Geoffrey M. (2013): From Pleasure Machines to Moral Communities. An Evolutionary Economics without Homo economicus, Chicago/London: University of Chicago Press.

Höffe, Otfried (2018): Ethik. Eine Einführung, 2., durchges. Aufl., München: C.H. Beck.

Hoffmann, Thomas Sören (2009): Wirtschaftsphilosophie. Ansätze und Perspektiven von der Antike bis heute, Wiesbaden: Marix.

Homann, Karl (2002): Vorteile und Anreize. Zur Grundlegung einer Ethik der Zukunft, Tübingen: Mohr Siebeck.

Homann, Karl (2015): »Wirtschaftsethik: Ethik, rekonstruiert mit ökonomischer Methode«, in: van Aaken, Dominik/Schreck, Philipp (Hg.): Theorien der Wirtschafts- und Unternehmensethik, Berlin: Suhrkamp, S. 23–46.

Homann, Karl/Blome-Drees, Franz (1992): Wirtschafts- und Unternehmensethik, Göttingen: Vandenhoeck & Ruprecht.

Homann, Karl/Lütge, Christoph (2013): Einführung in die Wirtschaftsethik, 3. Aufl, Münster: Lit-Verlag.

Homburg, Stefan (2012): »Der neue Kurs der Europäischen Zentralbank«, in: Wirtschaftsdienst, 92. Jahrgang, Heft 10, S. 673–677.

Honneth, Axel (2017): Die Idee des Sozialismus: Versuch einer Aktualisierung, Berlin: Suhrkamp.

Horkheimer, Max/Adorno, Theodor W. (1988): Dialektik der Aufklärung. Philosophische Fragmente, Frankfurt am Main: Fischer.

Hsieh, Nien-hê (2015): »Should Business Have Human Rights Obligations?«, in: Journal of Human Rights, Vol. 14, Issue 2: Business and Human Rights, S. 218–236.

Hume, David (1988): Über die Handelsbilanz. Politische und ökonomische Essays, Bd. 2, Hamburg: Meiner.

Hume, David (2013): Ein Traktat über die menschliche Natur, Hamburg: Meiner.

Husserl, Edmund (2000): Vorlesungen zur Phänomenologie des inneren Zeitbewußtseins, hrsg. v. M. Heidegger, unveränderter Nachdr. d. 1. Aufl. 1928, Tübingen: Max Niemeyer.
Hutchison, Terence W. (1938): The Significance and Basic Postulates of Economic Theory, London: Macmillan.
Hutter, Michael/Teubner, Gunther (2006): »Der Gesellschaft fette Beute: homo juridicus und homo oeconomicus als kommunikationserhaltende Fiktionen«, in: Fuchs, P./ Göbel, A. (Hg.): Der Mensch – das Medium der Gesellschaft?, Frankfurt am Main: Suhrkamp.
Institute for Economic Thinking: https://www.ineteconomics.org (05.03. 2019)
Issing, Otmar (Hg.) (2014): Geschichte der Nationalökonomie, 4. Aufl., München: Vahlen.
Jackson, Tim (2012): Wohlstand ohne Wachstum. Leben und Wirtschaften in einer endlichen Welt, München: oekom.
Jäger, Wieland/Röttgers, Kurt (Hg.) (2008): Sinn von Arbeit: soziologische und wirtschaftsphilosophische Betrachtungen, Wiesbaden: Springer VS.
Jensen, Michael C./Meckling, William H. (1976): »Theory of the Firm: Mangerial Behaviour, Agency Cost and Ownership Structure«, in: Journal of Financial Economics 3, S. 305–360.
Johnson, Robert (2009): »Innovative Denker kommen zusammen, um den Herausforderungen der weltweiten Wirtschaftskrise entgegenzutreten«, Pressemitteilung unter: https://www.presseportal.ch/de/pm/100018387/100592366, 27.10.2009; (28.9.2018).
Jonas, Hans (1979): Das Prinzip Verantwortung: Versuch einer Ethik für die technologische Zivilisation, Frankfurt am Main: Suhrkamp.
Jones, Charles I. (2002): Introduction to Economic Growth, 2. Aufl., New York: Norton & Company.
Kahneman, Daniel (2012): Schnelles Denken, langsames Denken, München: Penguin.
Kahneman, Daniel/Tversky, Amos (1974): Judgment under Uncertainty: Heuristics and Biases, Science, New Series, Bd. 185, Nr. 4157, S. 1124–1131.
Kahneman, Daniel/Tversky, Amos (1979): Prospect Theory: An Analysis of Decision under Risk, Econometrica Bd. 47, Nr. 2.
Kahneman, Daniel/Tversky, Amos (1981): The framing of decisions and the psychology of choice, Science, Bd. 211, Nr. 4481.

Kahneman, Daniel/Tversky, Amos (2000): Choice, Values and Frames, Cambridge: Cambridge University Press.
Kambartel, Friedrich (1998): Philosophie und Politische Ökonomie, Göttingen: Wallstein.
Kant, Immanuel (1977): Die Metaphysik der Sitten (Rechtslehre), Werkausgabe Band VIII, hrsg. v. Wilhelm Weischedel, Frankfurt am Main: Suhrkamp.
Katenkamp, Olaf (2003): »Quo vadis Wissensmanagement«, in: Zeitschrift für Arbeitsforschung, Arbeitsgestaltung und Arbeitspolitik, Heft 1/2003, S. 16–35.
Kells, John (1988): A History of Political Economy, Edinburgh: Adam and Charles Black.
Kirchgässner, Gebhart (2008): Homo Oeconomicus: Das ökonomische Modell individuellen Verhaltens und seine Anwendung in den Wirtschafts- und Sozialwissenschaften, Tübingen: Mohr Siebeck.
Klonschinski, Andrea/Wündisch, Joachim (2016): »Präferenzen, Wohlergehen und Rationalität. Zu den begrifflichen Grundlagen des libertären Paternalismus und ihren Konsequenzen für seine Legitimierbarkeit«, in: Zeitschrift für Praktische Philosophie, Band 3, Heft 1, S. 599–632.
Knight, Frank H. (1964): Risk, Uncertainty, and Profit, New York: Sentry Press.
Koehn, Julia (2017): Uncertainty in Economics. A new Approach, Heidelberg: Springer.
Köhne, Ralf (2017a): »Ökonomische Verantwortung«, in: Handbuch Verantwortung, hrsg. von Ludger Heidbrink, Claus Langbehn, Janina Loh, Wiesbaden: Springer VS, S. 607–623.
Köhne, Ralf (2017b): »Zeit für creatio continua? – Betrachtungen zum Verhältnis von Schuld, Schulden und Stabilität in der Post-Lehman-Welt«, in: Priddat, Birger/Rauen, Verena (2017): Die Welt kostet Zeit. Zeit der Ökonomie – Ökonomie der Zeit, Marburg: Metropolis, S. 45–54.
Kojève, Alexandre (1975): Hegel. Eine Vergegenwärtigung seines Denkens – Kommentar zur »Phänomenologie des Geistes«, Frankfurt am Main: Suhrkamp.
Kolmar, Martin (2017): Principles of Microeconomics. An Integrative Approach, Cham: Springer International Publishing.
Koselleck, Reinhart (1989): Vergangene Zukunft. Zur Semantik geschichtlicher Zeiten, Frankfurt am Main: Suhrkamp.

Koslowski, Peter (1992): »Wirtschaftsethik – ein neues Paradigma der Wirtschaftswissenschaft und der Philosophie?«, in: Neuere Entwicklungen in der Wirtschaftsethik und Wirtschaftsphilosophie, hrsg. von Peter Koslowski, Berlin: Springer, S. 9–17.

Koslowski, Peter (1997): Ethik der Banken und der Börse. Finanzinstitutionen, Finanzmärkte, Insider-Handel, Tübingen: Mohr Siebeck.

Kraus, Otto (1962): Grundfragen der Wirtschaftsphilosophie. Eine analytische Einführung, Berlin: Duncker & Humblot.

Krause, Florian (2016): »Der homo oeconomicus im Kontext der Wirtschaftswissenschaften«, in: Dieckmann, A./Sorge, C. (Hg.): Der homo oeconomicus in der Rechtsanwendung, Tübingen: Mohr Siebeck.

Krohn, Claus-Dieter (1996): Der Philosophische Ökonom. Zur intellektuellen Biographie Adolph Lowes, Marburg: Metropolis.

Kromphardt, Jürgen (2015): Analysen und Leitbilder des Kapitalismus von Adam Smith bis zum Finanzmarktkapitalismus, Marburg: Metropolis.

Krüger, Stephan (2010): Allgemeine Theorie der Kapitalakkumulation. Konjunkturzyklus und langfristige Entwicklungstendenzen, Band 1: Kritik der Politischen Ökonomie und Kapitalismusanalyse, Hamburg: VSA.

Kurz, Heinz D. (2013): Geschichte des ökonomischen Denkens, München: C. H. Beck.

Leibniz, Gottfried W. (1998): »Monadologie«, in: Hecht, H. (Hg.), Leibniz – Monadologie, Stuttgart: Reclam.

Lenk, Hans/Maring, Matthias (1992): »Wirtschaftsethik – ein Widerspruch in sich selbst?«, in: Lenk, Hans/Maring, Matthias (Hg.): Wirtschaft und Ethik, Stuttgart: Reclam, S. 7–30.

Lenski, Gerhard Emmanuel (1963): The religious factor: A sociological study of religion's impact on politics, economics, and family life, Garden City, NY : Doubleday.

Levinas, Emmanuel (1985): Ethics and Infinity – Conversations with Philippe Nemo, transl. Richard A. Cohen, Pittsburgh: Duquesne University Press.

Levinas, Emmanuel (1992): Jenseits des Seins oder anders als Sein geschieht, Freiburg: Alber.

Levinas, Emmanuel (2002): Totalität und Unendlichkeit. Versuch über die Exteriorität, 3. Aufl., Freiburg: Alber.

Lévi-Strauss, Claude (1974): »Einleitung in das Werk von Marcel Mauss«, in: ders., Soziologie und Anthropologie, München: Hanser.

Locke, John (2003): Über die Regierung, Stuttgart: Reclam.

Lorch, Alexander (2014): Freiheit für alle. Grundlagen einer neuen Sozialen Marktwirtschaft, Frankfurt am Main: Campus.

Lücke, Wolfgang (2000): »Kalenderzeit und Operational Time in der Betriebswirtschaftslehre«, in: Götze, Uwe/Mikus, Barbara/Bloech, Jürgen (Hg.): Management und Zeit, Heidelberg: Springer.

Luhmann, Niklas (1990): Ökologische Kommunikation. Kann die moderne Gesellschaft sich auf ökologische Gefahren einstellen?, Opladen: Westdeutscher Verlag.

Luhmann, Niklas (1993): »Wirtschaftsethik – als Ethik?« in: Wieland, Josef (Hg.): Wirtschaftsethik und Theorie der Gesellschaft, Frankfurt am Main: Suhrkamp, S. 134–147.

Luhmann, Niklas (1994): Die Wirtschaft der Gesellschaft, Frankfurt am Main: Suhrkamp.

Lutz-Bachmann, Matthias (2013): Grundkurs Philosophie, Band 7: Ethik, Stuttgart: Reclam.

Machemer, Friederike (2013): »Zeit in der Ökonomie«, in: Priddat, Birger/Kabalak, A. (Hg.), Ungewissheit als Herausforderung für die ökonomische Theorie: Nichtwissen, Ambivalenz und Entscheidung, Marburg: Metropolis, S. 247–280.

Mandeville, Bernard (1980): Die Bienenfabel oder Private Laster, öffentliche Vorteile, 2. Aufl., Frankfurt am Main: Suhrkamp.

Marx, Karl (1953): Grundrisse der Kritik der politischen Ökonomie, Berlin: Dietz.

Marx, Karl (1968): »Ökonomisch-philosophische Manuskripte aus dem Jahre 1844«, in: Marx, Karl/Engels, Friedrich: Werke. Ergänzungsband: Schriften. Manuskripte. Briefe bis 1844. Erster Teil, Berlin: Dietz, S. 465–588.

Marx, Karl (2013): Das Kapital. Kritik der politischen Ökonomie. Band 1, MEW, Band 23, 24. Aufl., unveränderter Nachdruck der 1. Auflage von 1962, Berlin: Dietz.

Marx, Karl/Engels, Friedrich (1986): Manifest der Kommunistischen Partei, Stuttgart: Reclam.

Matten, Dirk/Palazzo, Guido (2008): »Unternehmensethik als Gegenstand betriebswirtschaftlicher Forschung und Lehre – eine Bestandsaufnahme aus internationaler Perspektive«, in: Schmalenbachs Zeitschrift für betriebswirtschaftliche Forschung 60, S. 50–71.

Mauss, Marcel (1978): Die Gabe. Die Form und Funktion des Austauschs in archaischen Gesellschaften, Frankfurt am Main: Suhrkamp.

McCloskey, Deirdre N. (2010): The Bourgeois Virtues: Ethics for an Age of Commerce, Chicago: University of Chicago Press.

Meadows, Dennis (1972): Die Grenzen des Wachstums. Bericht des Club of Rome zur Lage der Menschheit, München: Deutsche Verlags-Anstalt.

Meadows, Donella und Dennis/Randers, Jorgen (1993): Die neuen Grenzen des Wachstums, Reinbek: Rowohlt.

Mill, John Stuart (2008): »Über die Definition der politischen Ökonomie und über die ihr angemessene Forschungsmethode«, in: ders., Einige ungelöste Probleme der politischen Ökonomie, Marburg: Metropolis, S. 151–192.

Mittelstraß, Jürgen (1985): »Wirtschaftsethik als wissenschaftliche Disziplin?«, in: Ethik und Wirtschaftswissenschaft (Schriften des Vereins für Socialpolitik, Gesellschaft für Wirtschafts- und Sozialwissenschaft, Neue Folge Band 147), hrsg. von Georges Enderle, Berlin: Duncker & Humblot, S. 17–32.

Mohr, Jochen (2018): »Die Interdependenz der Ordnungen als rechts- und wirtschaftsphilosophische Konzeption. Law and Economics bei Walter Eucken und Franz Böhm«, in: JuristenZeitung, Volume 73, Number 14, July 2018, S. 685–694.

Münch, Tanja (2015): Die Wirkmächtigkeit unternehmensethischer Managementkonzepte. Qualitative Fallanalysen, Wiesbaden: Springer VS.

Nell-Breuning, Oswald von/Sacher, Hermann (1949): »Zur Wirtschaftsordnung«, in: Wörterbuch der Politik, Heft 4, Freiburg: Herder, S. 269–271.

Netzwerk Plurale Ökonomik (2018): Das Netzwerk, https://www.pluraleoekonomik.de/das-netzwerk/ziele-und-aktivitaeten (25.08.2018).

Neuhäuser, Christian (2011): Unternehmen als moralische Akteure, Berlin: Suhrkamp.

Nietzsche, Friedrich (1999a): »Vom Nutzen und Nachtheil der Historie für das Leben«, in: ders., Unzeitgemässe Betrachtungen, kritische Studienausgabe hrsg. v. G. Colli und M. Montinari, Bd. 1, Neuausgabe, München: dtv/De Gruyter.

Nietzsche, Friedrich (1999b): Menschliches, Allzumenschliches, Kritische Studienausgabe, hrsg. v. G. Colli und M. Montinari, Bd. 2, München: dtv/De Gruyter.

Nietzsche, Friedrich (1999c): Also sprach Zarathustra, Kritische Studienausgabe, hrsg. v. G. Colli und M. Montinari, Bd. 4, Neuausgabe, München: dtv/De Gruyter.

Nietzsche, Friedrich (1999d): Zur Genealogie der Moral, Kritische Studienausgabe, hrsg. v. G. Colli und M. Montinari, Bd. 5, München: dtv/De Gruyter.

North, Douglass C. (1992): Institutionen, institutioneller Wandel und Wirtschaftsleistung (Einheit der Gesellschaftwissenschaften, Band 76), Tübingen: Mohr Siebeck.

Nowotny, Helga (1997): »Die Dynamik der Innovation – Über die Multiplizität des Neuen«, in: Bechmann, G./Rammert, W. (Hg.): Jahrbuch Technik und Gesellschaft, 9, Frankfurt am Main/New York: Campus, S. 33–34.

Ostrom, Elinor (1999): Die Verfassung der Allmende. Jenseits von Staat und Markt, Tübingen: Mohr Siebeck.

Ott, Konrad (2004): »Umweltethik zwischen Grundlagenreflexion und Politikberatung«, in: Praktische Philosophie kontrovers, Bd. 2: Angewandte Ethik im Spannungsfeld von Begründungen und Anwendungen, Frankfurt am Main: Europäischer Verlag der Wissenschaft, S. 173–195.

Paech, Niko (2012): Nachhaltiges Wirtschaften jenseits von Innovationsorientierung und Wachstum. Eine unternehmensbezogene Transformationstheorie, 2. Aufl., Marburg: Metropolis.

Paech, Niko (2013): Befreiung vom Überfluss. Auf dem Weg in die Postwachstumsökonomie, München: oekom.

Paine, Lynn S. (1994): »Managing for Organizational Integrity«, in: Harvard Business Review, 72(2), S. 106–117.

Palazzo, Bettina (2002): »U.S.-American and German Business Ethics: An Intercultural Comparison«, in: Journal of Business Ethics, 41 (3), S. 195–216.

Palazzo, Bettina (2005): »The story so far – revisited: Die kulturellen Hintergründe der Business Ethics«, in: Beschorner, Thomas et al. (Hg.): Wirtschafts- und Unternehmensethik: Rückblick, Ausblick, Perspektiven, München und Mehring: Hampp, S. 181–193.

Pareto, Vilfredo (1906): Manuale d'economia politica, Mailand: Società Editrice Libraria.

Pfriem, Reinhard (2007): Unsere mögliche Moral heißt kulturelle Bildung. Unternehmensethik für das 21. Jahrhundert, Marburg : Metropolis.

Pfriem, Reinhard/Schneidewind, Uwe/Barth, Jonathan/Graupe, Silja/Korbun, Thomas (Hg.) (2017): Transformative Wirtschaftswissenschaft im Kontext nachhaltiger Entwicklung, Marburg: Metropolis.

Pies, Ingo (2015): »Der ordonomische Ansatz«, in: Theorien der Wirtschafts- und Unternehmensethik, hrsg. von Dominik van Aaken und Philipp Schreck, Berlin: Suhrkamp, S. 79–108.

Piketty, Thomas (2014): Das Kapital im 21. Jahrhundert, München: C.H. Beck.

Platon (1989a): Der Staat. Über das Gerechte, übersetzt und erläutert von Otto Apelt, Hamburg: Meiner.

Platon (1989b): Gesetze, Erster Band, Buch I–VI, in: ders.: Sämtliche Dialoge, Band VII, hrsg. v. Otto Apelt, Hamburg: Meiner.

Plickert, Philip (2008): Wandlungen des Neoliberalismus. Eine Studie zu Entwicklung und Ausstrahlung der »Mont Pèlerin Society«, Stuttgart: Lucius & Lucius.

Pogge, Thomas (2002): World Poverty and Human Rights, Cambridge: Polity.

Porter, Michael E./Kramer, Mark R. (2011): »Creating Shared Value«, in: Harvard Business Review, 11, 30.

Pribram, Karl (1998): Geschichte des ökonomischen Denkens, Bd. 1, Frankfurt am Main: Suhrkamp.

Priddat, Birger P. (2002): Theoriegeschichte der Wirtschaft, München: UTB.

Priddat, Birger P. (2016): Erwartung, Prognose, Fiktion. Zur Epistemologie des Futur in der Ökonomie, Marburg: Metropolis.

Priddat, Birger P. (2018): »Wirtschaftsphilosophie = Wirtschaftsethik?«, in: Zeitschrift für Wirtschafts- und Unternehmensethik (zfwu), Jg. 19, 2/2018, S. 172–192.

Priddat, Birger/Rauen, Verena (2017): Die Welt kostet Zeit. Zeit der Ökonomie – Ökonomie der Zeit, Marburg: Metropolis.

Prisching, Manfred (1983): »Über die Karriere einer Handlungstheorie. Der ökonomische Mensch auf dem Weg durch die Sozialwissenschaften«, in: Zeitschrift für philosophische Forschung, Bd. 37, Nr. 2.

Ptak, Ralf (2004): Vom Ordoliberalismus zur sozialen Marktwirtschaft: Stationen des Neoliberalismus in Deutschland, Opladen: Leske und Budrich.

Quesnay, François (1971): Ökonomische Schriften, Berlin: Akademie.

Rauen, Verena (2015): Die Zeitlichkeit des Verzeihens. Zur Ethik der Urteilsenthaltung, Paderborn: Fink.

Rauen, Verena (2017): »Die Pathologie der gestundeten Zeit. Zur Öffnung komprimierter Zeiträume für ethische Entscheidungen«, in: Priddat, Birger/Rauen, Verena: Die Welt kostet Zeit. Zeit der Ökonomie – Ökonomie der Zeit, Marburg: Metropolis.

Rawls, John (2012): Eine Theorie der Gerechtigkeit, Frankfurt am Main: Suhrkamp.

Reardon, Jack (2009): The Handbook of pluralist economics education, London/New York: Routledge.

Rebonato, Riccardo (2012): Taking Liberties. A Critical Examination of Libertarian Paternalism, Basingstoke/New York: Palgrave Macmillan.

Reiss, Julian (2013): Philosophy of Economics. A Contemporary Introduction, New York/London: Routledge.

Renn, Ortwin (2014): Das Risikoparadox: Warum wir uns vor dem Falschen fürchten, Frankfurt am Main: Fischer.

Rodrik, Dani (2015): Economic Rules. Why Economics works, when it fails, and how to tell the Difference, Oxford: Oxford University Press.

Rosa, Hartmut (2005): Beschleunigung. Die Veränderung der Zeitstrukturen in der Moderne, Frankfurt am Main: Suhrkamp.

Röttgers, Kurt (1982): Der kommunikative Text und die Zeitstruktur von Geschichten, Freiburg/München: Alber.

Röttgers, Kurt (2004): »Wirtschaftsphilosophie – Die erweiterte Perspektive«, in: Zeitschrift für Wirtschafts- und Unternehmensethik 5/2, S. 114–133.

Röttgers, Kurt (2014a): »Die ökonomische Subversion der Politik«, in: Enkelmann, Wolf Dieter/Priddat, Birger (Hg.), Was ist? Wirtschaftsphilosophische Erkundungen, Marburg: Metropolis.

Röttgers, Kurt (2014b): Muße und der Sinn von Arbeit: Ein Beitrag zur Sozialphilosophie von Handeln, Zielerreichung und Zielerreichungsvermeidung, Heidelberg: Springer.

Samuelson, Paul Anthony/Nordhaus, William D. (1987): Volkswirtschaftslehre. Band 1: Grundlagen der Makro- und Mikroökonomie, 8. Aufl., Köln: Bund.

Sandel, Michael J. (1998): What Money Can't Buy: The Moral Limits of Markets, The Tanner Lectures on Human Values, Oxford: https://tannerlectures.utah.edu/_documents/a-to-z/s/sandel00.pdf (05.03.2019).

Sandel, Michael J. (2012): What Money Can't Buy, New York: Farrar, Straus and Giroux.

Satz, Debra (2013): Von Waren und Werten. Die Macht der Märkte und warum manche Dinge nicht zum Verkauf stehen sollten, Hamburg: Hamburger Edition.
Scherer, Andreas/Palazzo, Guido/Baumann, Dorothée (2006): »Global Rules and Private Actors: Toward a New Role of the Transnational Corporation in Global Governance«, in: Business Ethics Quarterly 16, Issue 4, S. 505–532.
Schimank, Uwe (2000): Handeln und Strukturen. Einführung in die akteurtheoretische Soziologie, Weinheim: Beltz.
Schivelbusch, Wolfgang (2016): Das verzehrende Leben der Dinge. Versuch über Konsumtion, München: Hanser.
Schlaudt, Oliver (2016): Wirtschaft im Kontext. Eine Einführung in die Philosophie der Wirtschaftswissenschaften in Zeiten des Umbruchs (Rote Reihe, Band 85), Frankfurt am Main: Klostermann.
Schmoller, Gustav (1918): Die soziale Frage. Klassenbildung, Arbeiterfrage, Klassenkampf, München/Leipzig: Duncker & Humblot.
Schneidewind, Uwe et al. (2016): »Transformative Wirtschaftswissenschaft im Kontext nachhaltiger Entwicklung: für einen neuen Vertrag zwischen Wirtschaftswissenschaft und Gesellschaft«, in: Ökologisches Wirtschaften, 2.2016 (31), S. 30–34.
Schneidewind, Uwe (2018): Die Große Transformation. Eine Einführung in die Kunst gesellschaftlichen Wandels, Frankfurt am Main: Fischer.
Schulze, Gerhard (2003): Die beste aller Welten. Wohin bewegt sich die Gesellschaft im 21. Jahrhundert?, München/Wien: Hanser.
Schumpeter, Joseph A. (1965): Geschichte der ökonomischen Analyse, Erster Teilband, Göttingen: Vandenhoeck & Ruprecht.
Schumpeter, Jopseh A. (1993): Kapitalismus, Sozialismus und Demokratie, 7., erw. Aufl., Tübingen: UTB.
Schuppert, Gunnar Folke (2008): Von Ko-Produktion von Staatlichkeit zur Co-Performance of Governance. Eine Skizze zu kooperativen Governance-Strukturen von den Condottieri der Renaissance bis zu den Public Private Partnerships, SFB-Governance Working Paper Series, Nr. 12.
Seele, Peter (2015): »Ökonomische Philosophie. Eine mengentheoretische Verschränkung von Philosophie, Ökonomie und Geschichtswissenschaft«, in: Was ist? Wirtschaftsphilosophische Erkundungen, Bd. 2, hrsg. von Birger P. Priddat und Wolf Dieter Enkelmann, Marburg: Metropolis, S. 143–161.

Seele, Peter (2018): »Wirtschaftsphilosophie quo vadis? Überlegungen zur systematischen Vermessung der deutschsprachigen Wirtschaftsphilosophie«, in: Zeitschrift für Wirtschafts- und Unternehmensethik, 19/2, S. 156–171.

Selten, Reinhard (1990): »Bounded Rationality«, in: Journal of Institutional and Theoretical Economics, 146, S. 649–658.

Sen, Amartya (1999): Choice, Welfare and Measurement, 3rd printing, Cambridge/London: Harvard University Press.

Sen, Amartya (2000): Ökonomie für den Menschen. Wege zu Gerechtigkeit und Solidarität in der Marktwirtschaft, München: Hanser.

Sennett, Richard (2006): Der flexible Mensch: die Kultur des neuen Kapitalismus, Berlin: Berliner Taschenbuch-Verlag.

Shackle, George L. S. (1990): Time, Expectations and Uncertainty in Economics, edited by James Lorne Ford, Aldershot: Edward Elgar.

Silver, Nate (2012): The Signal and the Noise: Why So Many Predictions Fail but Some Don't, London: Penguin Press.

Simmel, Georg (2003): Philosophie des Geldes, Frankfurt am Main: Suhrkamp.

Simon, Herbert (1955): »A Behavioral Model of Rational Choice«, in: The Quarterly Journal of Economics, Bd. 69, Nr. 1.

Simon, Herbert A. (1957): Models of man: social and rational, New York: Wiley.

Smith, Adam (1978): Der Wohlstand der Nationen, München: dtv.

Smith, Adam (2004): Theorie der ethischen Gefühle, Hamburg: Meiner.

Sombart, Werner (1902/1927): Der moderne Kapitalismus. 3 Bde., Leipzig: Duncker und Humblot.

Sombart, Werner (1967): Die drei Nationalökonomien, Berlin: Duncker & Humblot.

Soros, George (2008): The New Paradigm for Financial Markets Large Print Edition: The Credit Crash of 2008 and What it Means, New York: Public-Affairs Books.

Stehr, Nico (2007): Die Moralisierung der Märkte. Eine Gesellschaftstheorie, Frankfurt am Main: Suhrkamp.

Steinmann, Horst/Löhr, Albert (1994): Grundlagen der Unternehmensethik, 2., überarb. und erw. Aufl., Stuttgart: Schäffer-Poeschel.

Sternad, Dietmar/Mödritscher, Gernot (2018): Qualitatives Wachstum: Der Weg zu nachhaltigem Unternehmenserfolg, Wiesbaden: Springer Gabler.

Stigler, George (1984): »Economics – The imperial science?«, in: Scandinavian Journal of Economics Nr. 86.

Strunz, Sebastian/Gawel, Erik (2017): »Transformative Wissenschaft: eine kritische Bestandsaufnahme der Debatte«, in: GAIA 26/4, S. 321–325.

Suchanek, Andreas (1993): Der homo oeconomicus als Heuristik. Diskussionsbeiträge der wirtschaftswissenschaftlichen Fakultät Ingolstadt der Katholischen Universität Eichstätt, Nr. 38.

Taleb, Nassim N. (2008): Der Schwarze Schwan. Die Macht höchst unwahrscheinlicher Ereignisse, München: dtv.

Thaler, Richard H./Sunstein, Cass R. (2009): Nudge: Improving Decisions About Health, Wealth and Happiness, London: Penguin Books.

Thielemann, Ulrich (2000): »Was spricht gegen angewandte Ethik?«, in: Ethica Nr. 1, 8. Jg., S. 1–23.

Thielemann, Ulrich (2009): System error: Warum der freie Markt zur Unfreiheit führt, Frankfurt am Main: Westend.

Thielemann, Ulrich (2010): Wettbewerb als Gerechtigkeitskonzept: Kritik des Neoliberalismus, Marburg: Metropolis.

Thielemann, Ulrich (2015): »Integrative Wirtschaftsethik oder: Das Ganze des Wirtschaftens denken, und zwar kritisch«, in: Beschorner, Thomas/ Ulrich, Peter/Wettstein, Florian (Hg.): St. Galler Wirtschaftsethik – Programmatik, Positionen, Perspektiven, Marburg: Metropolis, S. 175–218.

Thomas von Aquin (1953): Recht und Gerechtigkeit, kommentiert von A. F. Utz OP, II-II, Frage 57–79, in: ders.: Summa Theologica (Band 18: Die deutsche Thomas-Ausgabe), vollständige, ungekürzte deutsch-lateinische Ausgabe, hrsg. v. der Albertus-Magnus Akademie Walberberg bei Köln, Heidelberg/München/Graz/Wien/Salzburg: Verlagsgemeinschaft F. H. Kerle, Anton Pustet.

Tönnies, Ferdinand (1935/1988): Gemeinschaft und Gesellschaft: Grundbegriffe der reinen Soziologie, Neudruck der 8. Aufl. von 1935, 2., unveränd. Aufl., Darmstadt: Wissenschaftliche Buchgesellschaft.

Ulrich, Peter (1993): Transformation der ökonomischen Vernunft: Fortschrittsperspektiven der modernen Industriegesellschaften, 3., revidierte Aufl., Bern/Stuttgart/Wien: Haupt.

Ulrich, Peter (2002): Der entzauberte Markt. Eine wirtschaftsethische Orientierung, Freiburg: Herder.

Ulrich, Peter (2016): Integrative Wirtschaftsethik: Grundlagen einer lebensdienlichen Ökonomie, 5., durchgesehene Aufl., Bern: Haupt.

United Nations Development Programme (2018): http://hdr.undp.org/en/Data (05.03.2019)
van Aaken, Dominik/Schreck, Philipp (Hg.) (2015): Theorien der Wirtschafts- und Unternehmensethik, Berlin: Suhrkamp.
Vogel, David (2006): The Market for Virtue. The Potential and Limits of Corporate Social Responsibility, Washington: Brookings.
Walzer, Michael (1992): Sphären der Gerechtigkeit: Ein Plädoyer für Pluralität und Gleichheit, Frankfurt am Main/New York: Campus.
Weber, Max (1980): Wirtschaft und Gesellschaft. Grundriss der verstehenden Soziologie, 5. Aufl., Tübingen: Mohr Siebeck.
Weber, Max (1985): »Der Sinn der ›Wertfreiheit‹ der soziologischen und ökonomischen Wissenschaften«, in: ders.: Gesammelte Aufsätze zur Wissenschaftslehre, 6. Aufl., Tübingen: Mohr Siebeck, S. 489–540.
Weber, Max (1988): Gesammelte Aufsätze zur Religionssoziologie I, 9. Aufl., Tübingen: UTB.
Weber, Max (2010): Die protestantische Ethik und der ›Geist‹ des Kapitalismus, 3. Aufl., München: C.H. Beck.
Weber, Samuel (2009): Geld ist Zeit. Gedanken zu Kredit und Krise, Zürich/Berlin: Diaphanes.
Weiner, Annette (1992): Inalienable Possessions: The Paradox of Keeping-while-Giving, Berkeley: University of California Press.
Weinberger, Otto (1958): Grundriß der Allgemeinen Wirtschaftsphilosophie, Berlin: Duncker & Humblot.
Wieland, Josef (2007): Die Ethik der Governance, 5., neu durchges. Aufl., Marburg: Metropolis.
Wieland, Josef/Ehrenberger, Marcus (2015): »Governanceethik«, in: Theorien der Wirtschafts- und Unternehmensethik, hrsg. von Dominik van Aaken und Philipp Schreck, Berlin: Suhrkamp, S. 113–147.
Willke, Gerhard (2003): Neoliberalismus, Frankfurt/New York: Campus.
Williamson, Oliver E. (1990): Die ökonomischen Institutionen des Kapitalismus. Unternehmen, Märkte, Kooperationen (Einheit der Gesellschaftswissenschaften, Band 64), Tübingen: Mohr Siebeck.
Wutskits, G. (1980): Grundlegung der Wirtschaftsphilosophie, Den Haag: Stichting voor Economisch-Filosofisch Onderzoek.
Zürn, Michael (1998): Regieren jenseits des Nationalstaates. Globalisierung und Denationalisierung als Chance, Frankfurt am Main: Suhrkamp.

Zürn, Michael/Weidner, Helmut (2009): »Politisierung der Ökonomisierung? Zum gegenwärtigen Verhältnis von Politik und Ökonomie«, in: CSR als Netzwerkgovernance – Theoretische Herausforderungen und praktische Antworten, hrsg. von Josef Wieland, Marburg: Metropolis, S. 155–184.

Personenregister

Sachregister

Ludger Heidbrink ist Inhaber des Lehrstuhls für Praktische Philosophie an der Christian-Albrechts-Universität zu Kiel. Seine Forschungsschwerpunkte liegen in der Verantwortungsethik, der politischen Philosophie sowie der Wirtschafts-, Unternehmens- und Konsumentenethik. Zuletzt erschien mit Claus Langbehn und Janina Loh das *Handbuch Verantwortung*, Springer VS 2017.

Alexander Lorch ist wissenschaftlicher Geschäftsführer des Kiel Center for Philosophy, Politics and Economics und wissenschaftlicher Mitarbeiter am Lehrstuhl für Praktische Philosophie an der Christian-Albrechts-Universität zu Kiel. Seine Forschungsschwerpunkte liegen in der Wirtschafts- und Unternehmensethik und der politischen Philosophie. Zuletzt erschien *Freiheit für alle. Grundlagen einer neuen Sozialen Marktwirtschaft*, Campus 2014.

Verena Rauen ist wissenschaftliche Mitarbeiterin am Institut für Wirtschaftsethik der Universität St. Gallen. Ihre Forschungsschwerpunkte liegen in der Wirtschaftsphilosophie und Wirtschaftsethik, der politischen Philosophie und Sozialphilosophie. Zuletzt erschien mit Birger Priddat *Die Welt kostet Zeit. Zeit der Ökonomie – Ökonomie der Zeit*, Metropolis Verlag 2017.